U0869702

闯关与突围
中国经济的“三峡河段”

赵　建／著

人民东方出版传媒
東方出版社

主　编：夏　斌

编　委：连　平　盛松成　陈兴动　李迅雷

彭文生　沈明高　诸建芳　钱学宁

策　划：朱　蕻

目　录

前　言

在西泽研究院的一次报告会上，有位听众让我用一句话来描述当前的中国经济。谁都知道这是一个极难的问题，别说一句话，就是一本书也难以穷尽。但在当时的场合来不及多想，稍作思忖后，我回答道：

“总结成一句，新旧周期的压力突围与金融市场的价格闯关，两者叠加而成今日中国经济之险峻；形象地说，中国经济已经从风平浪静、一日千里的顺流河段，开始进入暗流涌动、水流湍急的三峡区域，其间有惊险，更有风景！”

没想到这个即兴仓促的回答，竟引来在场朋友肯定的掌声。会后庆幸之余，再回味这个问题和当时的回应，虽然属感性和粗陋之谈，但也能对当前的经济形势描述个大概。历史的长江滚滚向前，

“三峡河段”乃必经之地，无法迂回也无法逃避；而中国经济这艘大船，也需要在这样险峻的地貌里，检验舵手的能力和自身的韧性。

在这个“经济三峡”里，我们首先要警醒一个“漩涡”和一个“暗流”。新旧周期切换形成动力“漩涡”，中国经济的二元性正从城乡体制二元，转变为行业新旧二元。一方面传统行业在产能过剩、机制转换、效率拖累等压力下死气沉沉，另一方面新兴产业在互联网技术红利和制度改革红利的支撑下欣欣向荣，但尚不足以成为主导周期的力量。历史的经验告诉我们，新旧周期的切换和替代，注定带来惊险的“周期漩涡”。

而这个“暗流”，自然是金融领域隐含的系统性风险，这是金融资产价格“闯关”引发的不稳定和动荡。二十多年前，商品市场价格在并轨过程中“闯关”，引发了种种社会和经济波动。当前，金融市场又面临着这样的挑战：取消利率管制、放宽汇率波幅及改变定价机制、逐渐推出股市注册制、置换地方债与改革财税体制等，实际上都是在通过加快滞后的金融市场化改革，来实现人民币资产价格的并轨和着陆。然而，钱荒、股市波动、汇贬、房价泡沫等等极端变动，都预示着金融市场的价格闯关所引发的系统性风险，一点也不会比二十年前商品价格闯关要小。因此，站在政策当局宏观审慎管理的角度，当前出现的一些反市场化的金融抑制和整肃行为，也就能很好地理解了。

我从 2014 年开始，受邀在新华社中国金融信息网、新浪意见领袖、财新等财经媒体开设专栏，撰写经济金融热点评论，同时在西泽投资主席刘央女士的支持下成立专门从事深度经济研究的西泽研究院，恰好经历了中国经济金融“三峡河段”中的重大变化和事件。作为金融从业人员，对期间的“漩涡”和“暗流”，有的亲身体会自然印象深刻，有的道听途说但也感同身受，零零散散发表了自己的一些不成熟、不全面的看法。到现在回头一看，文章已有80余篇共计20万字，整理分类后，倒也能成体系和逻辑。虽然文章大部分时过境迁，但对当时“漩涡”和“暗流”的观察和思考，由于与当时的金融市场和事件紧密相连，反而显得有血有肉接地气，对于尚未驶出“三峡”的中国经济和投资者，仍然具有一定的借鉴意义。

按照全球经济、中国经济、金融市场、顶层设计、商业银行五个篇章进行分类，整理成了本书的主体内容。本书收录的文章基本都已在媒体和杂志公开发表，可以说已经经受了研究市场的考验。在收录到本书的过程中，除了明显的笔误之外，基本再未作修改而保持了“原生态”，因此一些观点，尤其是带有预测性质的观点，难免显得青涩和幼稚。但正所谓“此情可待成追忆，只是当时已惘然”，恰恰是对当时形势的“惘然”式思考，才成为现在值得玩味的“追忆”式反思。毕竟，本书的目的并不是给予答案，而是提出问题和深思。

上海静安紫苑公馆西泽研究院办公室

2018年8月

第一章

全球经济：在蒙昧未知的神秘水域航行

不到10年的时间，各国央行印了近10万亿美元的货币，超过过去50年的总和，但吊诡的是全球通缩的局面仍然没有明显的改观，而且大宗商品与海运指数多次触碰百年来新低。同时，一些执迷于量化宽松的国家竟面临着无债可买的困境，负利率的幽灵开始在全球飘荡，曾引以为傲的新兴国家货币两年间竟几乎全部腰斩；而美国加息及大选闹剧、英国脱欧及欧洲难民问题，更增加了未来的不确定性，金融市场越来越像一个深不见底的“黑天鹅湖”，各种极端风险和异象丛生……

中国经济就处于这样暗流涌动的外部环境里，慢慢驶向属于自己的未知水域。因此，在带领读者们进入波澜壮阔、奇峭险峻的中国“经济三峡”之前，我们需要先从更辽阔的视野鸟瞰全球经济。

本章内容分为三部分：第一部分“紊乱的周期——后危机期的结构背离与定价逻辑”收录了三篇文章，分别用经济散文的笔调讲述了全球经济的“十字路口”，用较长的篇幅、史诗叙事的文风，讲述和剖析金融周期末端的全球财富幻觉，以及2016年开始的那段波澜壮阔的金融巨浪；第二部分“扭曲的秩序——风险排污的困境与撕裂的全球化”，讲述了全球风险污染困境和国际贸易格局的退化；第三部分“货币的祸害——美元盛宴的终结与货币格局重构”，讲述了美元的加息难题和新兴国家的货币危情。

紊乱的周期
——后危机期的结构背离与定价逻辑

◆ 货币当局从过去的危机中吸取教训，但为了解决已知的问题，却将风险赶入未知的“水域”。全球经济在从没经历过的人口老龄化、超级债务与货币周期、超低实际利率与投资收益率三重叠加的迷雾里，慢慢驶向“百慕大”深处。

◆ 当我们细思经过通胀和风险调整后的实际价值，以及账面财富背后的杠杆和流动性结构，就会发现在这个全民财富狂欢的时代，在这个大型金融周期的末端，隐藏着非专业人士难以察觉的脆弱性和风险。

◆ 自特朗普上台以来，一个反身性趋势已经打开，那就是做多美国经济和美元，超配美元资产。这是个超拥挤的交易。然而，有没有人真正去思考，特朗普的施政理念和现实约束之间，到底有多大的预期差风险。

全球经济正在驶向“百慕大”深处

背景：全球经济正处于一个从没遇到的新环境，危机和后危机时代似乎已经过去，但真正的增长周期又未到来。发达国家的宽松政策正在退潮，新兴经济体却遇到了新的挑战。没有一个完整的理论体系可以解释当前的一切。

我们处于一个全新的周期节点，很多无法解释的经济异象反衬出经典理论和主流认知的匮乏。货币当局从过去的危机中吸取教训，但为了解决已知的问题，却将风险赶入未知的“水域”。全球经济在从没经历过的人口老龄化、超级债务与货币周期、超低实际利率与投资收益率三重叠加的迷雾里，慢慢驶向“百慕大”深处。

一、现实的蒙昧与理论的匮乏

恐怕掌控政策大权的新凯恩斯主义者也没有想到，全球经济在经历了金融危机和后危机时代的有惊无险之后，竟然慢慢驶入了平稳复苏的理想车道。而货币主义者们也没想到，在经历了经济史上史无前例的“直升机大撒钱”后，全球经济竟然没有出现一次显著的通货膨胀。而且，最近一年多以来，发达经济体开始出现明显的无通胀复苏势头，传统的菲利普斯曲线正遭遇现实的极大挑战，央行奉行的泰勒方程和通胀目标制也迫切需要做出参数校准甚至方程重构。

由于缺乏合适的理论工具，人们已无法对越来越多的现实异象作出有说服力的解释，经济世界开始变得蒙昧未知。比如史无前例的资产泡沫、长期附着的有毒资产、不断钝化的债务周期、结构扭曲的定价逻辑、飞速乱转的美林时钟等，这一切几乎都超出了主流经济学的认知和解释范畴。从而，克鲁格曼等经济学家在不同场合，批评宏观经济学的研究已经过度沉迷于工具技术，却在对现实世界的深度思想供给方面，面临着极大的贫乏。

的确，指导货币政策当局和投资者的经济学理论，除了在工具方面越来越精巧和复杂之外，在思想进化方面却停滞不前，已经几十年没有出现过对现实有说服力的学说和流派。在崇尚理性的现代人面前，对于没有理论解释的现状和没有理论指导的未来，都会不自觉地产生迷茫、焦虑，甚至恐慌。所以，当前的宏观经济研究，其实仍然没有走出后危机时代的阴影。在不断膨胀的债务和泡沫面前，人们所能做的，似乎只能是等待下一场金融危机的清算。

二、经验学习、危机救赎与神秘的“新周期”

全球经济正在蒙昧未知的水域航行，对于接下来将要发生什么，似乎没有人能准确地说清楚。当前在金融市场上正在发生的一幕幕：忽然爆发的大宗市场，跌跌不休的美元指数，众星捧月的垃圾债券，扭曲时间的负利率等等，都很难用过去的经验去理解和分析。经验的学习会让政策当局及时规避过去曾经发生过、现在正在发生的问题，但人为干预的扰动——无论是货币端的量化宽松，还是财政端的赤字基建——在解决已知的问题和危机的同时，却不知不觉地将危险赶入了未知的“水域”。

比如，一生都在钻研宏观经济学圣杯——1929年大萧条问题——的伯南克们，当然不会再让经济在同一个地方跌倒，在次贷危机发生时果断不惜代价地启动恐怕连凯恩斯自己都想象不到的量化宽松政策，将金融危机控制在了失去控制之前，并逐渐呵护经济进入缓慢复苏的道路。这是因为，近一个世纪过去，大萧条发生的机理已经基本研究清楚，救助的药方和措施也有了很大的完善和改进。其中最大的改进是布雷顿森林体系解体后，各国央行的基础货币供给变成了“脱缰的野马”，可以采取“直升机撒钱”的方式，为崩溃中的金融市场注入流动性。这导致的后果是，央行的资产负债表急剧膨胀以及大量本该破产销表的金融机构长期“带病生存”，这在过去是从未发生过的事情。人们从来没见过如此大规模的政府信用滥用。

但即使如此，恐怕仍然没人相信，仅靠量化宽松的货币政策，各国经济能走出困境并步入漫长的复苏之路。时至今日，按照统计数据，美国经济的增长历程已经持续了33个季度，位列历史上时间长度第三的复苏周期，而且如果不发生意外，到2018年下半年将达到美国历史上第二长的增长时间纪录。而欧洲最近一年多的表现也让经济学者们大为惊讶，预测中的民粹危机、债务风险、再次衰退等不仅没有到来，而且还出现了欧债危机以来最强劲、持续时间最长的一次复苏。日本也在巨大的债务中亦步亦趋地走出通缩，资产负债表的修复压力明显得到缓解，甚至出现了20年罕见的扩表和加杠杆行为。在中国上游产业率先回暖的带领下，全球经济阔别多年的产能周期或朱格拉周期很可能重启。所谓的“新周期”在神秘的疑云中若隐若现。

全球性的朱格拉周期真的要再次崛起？从现实的数据观察来看并非不无可能，因为自次贷危机以后，主要发达国家的固定投资不振已经近10

年，即使不考虑为新增产能而扩大再生产，单纯从存量资产的折旧和置换来看，企业家都应该有增加资本支出的需求。而在周期的结构上，我们认为房地产投资对新周期的边际贡献，要大于制造业的投资。美国、德国等最近房地产投资数据的强劲也正在说明这一点。中国的例子也很明显，房地产投资对上下游产业拉动的乘数效应非常强。然而，需要引起经济学家注意的是，这次朱格拉新周期可能成为有史以来最短促、最微弱的周期，主要是因为人口老龄化加速叠加债务周期顶部钝化，前者压抑有效需求，后者约束企业的信用扩张能力。

所有这一切，都超出政策当局和经济学家的认知范畴。在全球经济浸淫在量化宽松近 10 年之久以后，下一步应该怎么走，全球的政策制定者和经济学家们集体陷入了迷茫和困惑之中。

三、已知的“灰犀牛”还是未知的“黑天鹅”

在主观认知和外部环境之间，人们需要建立风险和不确定性的广义轮廓。通过未知和已知的两两组合，可以构成一个超越经典概率论的泛风险集合，主要包括四类：已知的未知、已知的已知、未知的已知和未知的未知。

《灰犀牛》的作者将“灰犀牛”风险归为“已知的已知”和“已知的未知”，把“黑天鹅”风险归为“未知的未知”。实际上这旨在说明，大家都知道全球经济这艘大船，已经驶入风险丛生的“百慕大”深处，但是对于具体会发生什么，什么时候发生，并没有人能说清楚、搞明白。因为至少有三个周期所呈现的新特征，对于我们来说是从未经历过的。

首先是前所未有的人口老龄化周期。除了少数几个国家，主要经济体的人口结构几乎都在快速地老化。更加严重的是，一些老牌发达国家，不仅人口结构在老化，人口增长率也在不断降低。在一个老龄人口占多数的国家里，当然难以有充满活力的经济，无论是消费和投资，都不会有多少值得期待的增长空间和发展前景。大量的实证研究也发现，与人口老龄化伴随的是低实际利率和低经济增长。与此同时，人口老龄化带来的养老金和年金市场的巨大体量，也在深刻地改变着整个金融市场的投资风格和配置策略。

其次是前所未有的超级债务和货币周期。次贷危机以后，主要经济体债务周期呈现出两个主要特征，一是本来需要出清和冲销的坏账得到货币政策的救助，依附在央行的资产负债表上刚性存续；二是以这些有毒资产作为发行准备，央行不断地向经济体系投放基础货币。迄今为止，美联储仍然持有大量次贷危机发生时的有毒资产，“欧猪五国”的主权债务和几个国家的不良率高达 20% 的商业银行之所以安然无恙，主要还是依靠宽松的流动性环境。持续时间如此长、数量如此巨大的债务和货币周期，也是我们之前从没经历过的。

第三是前所未有的低利率和低投资回报率周期。由于有毒资产无法完全核销，债务风险不能及时出清，不断膨胀的央行资产负债表供给了过多的基础货币，导致金融产业积累了过剩的产能。当债务周期钝化的顶部与经济周期疲弱的底部叠加在一起的时候，就会出现过多的头寸追求稀缺的收益率机会，势必打压名义利率和大类资产的收益率。这一次低利率、低收益率持续时间之长，也是投资者和经济学者从没有经历过的。底层资产的低收益率如果长期持续，很可能会导致投资者或者超配高风险资产，或者拉长杠杆以量补价。这些都会增加潜在的风险隐患，使全球经济驶向“百慕大”的更深处。

金融周期末端与全球财富幻觉

背景：无论是统计指标，还是现实异象，都在表明我们正处于一个大型金融周期的末端。尤其是，周期末端表现出来的泡沫盛宴和投机狂热，让人们产生“一夜暴富”的财富幻觉。但是，当我们细思经过通胀和风险调整后的实际价值，以及账面财富背后的杠杆和流动性结构，就会发现在这个全民财富狂欢的时代，在这个大型金融周期的末端，隐藏着非专业人士难以察觉的脆弱性和风险。打破财富幻觉，重塑财务稳健性，需要开启财富管理的专业时代。

一、金融周期末端的主要表现

如果用金融资产总量或债务总量 /GDP 来衡量金融周期的话，很明显这个周期正逼近一个临界点。历史的经验似乎不止一次地说明，无论当时在大类轮动、时间结构以及拐点临近时泡沫支撑条件有多大的不同，其结果却总是类似：一个金融周期的结束，总是以一种极端的方式表现人性的狂热，然后榨干“守夜人”（央行和监管部门）的最后一点耐心，政策首先发生拐点后收紧的货币条件先将负债端压断，进而传染到资产负债表造成整体性的财务溃烂和流动性换挡。接下来，正常的话应该是金融资本退潮，全社会进入一个漫长的资产负债表修复周期。

这个金融产业周期溃败的典型案例是日本，当时的表征是：银行信贷融资为主导，疯狂的房地产泡沫，全民财富大增值与消费刺激，没人再相信金融周期的存在，然后一步步倒逼监管当局收紧货币政策，最终以泡沫崩溃引发的资产负债表崩溃结束。然而新的一轮金融周期一直趴在底部没有明显地起来，其原因是当一个企业在泡沫崩溃后重新计算自己的杠杆率时，吓得再也不敢扩张信用了。学者辜朝明的研究发现，泡沫破灭后很长的一段时间，日本企业不仅没有再融资的动力，而且将大部分精力用在埋头还债的工作里。这导致日本放水 20 年，甚至用负利率的方法，都没有打开新一轮企业信用扩张的周期。而更远的例证是美国的大萧条、法国的约翰·劳、英国的南海、荷兰的郁金香，其带来的不良后果甚至直接或间接地引发了社会革命和战争。

二、金融业产能过剩与周期拐点

现在让我们迷惑的不是已经发生的，而是正在发生和将来发生的，是否让我们在自以为这次不一样的傲慢下，再来一次深刻的教训。我们无法精确预测周期的拐点，但客观的观察探寻是有必要的，比如从统计意义上找到均值偏离和趋势缺口的明显变化，从金融工程的角度测算不同资产间的结构联系以及错配的信用关系，根据存续期和交割时点预测波动的集中爆发点和逼近区域。总之基于置信区间的预测都是可能的，而且在上一个周期有金融工程师也的确做到过。但现在，似乎没有人在做这个冒险的工作，因为系统的自然演化，遭到货币当局的巨大扰动，一切金融工程的精算式预测，终将指向一个贝叶斯条件——政府信用供给以及基础货币松紧。而政治经济学和量化金融学之间的对接，在理论和统计软件上，还没看到一个让人满意的量化模型。

那么我们确定的事情有哪些呢？

再一次的全球金融产业产能过剩应该是确定的，这个在微观层面的表现是全球央行货币宽松周期的结束，以及大型金融集团的战线收缩和业务剥离。在宏观层面的表现则是流动性陷阱、货币刺激失效、利率期限结构的扭曲等等。

或许，世界各国的金融周期具体的走势可能并不一致，这需要观察各个金融产业的营业收入和产能过剩情况。

在美国，资本市场仍然在高歌猛进，市场化的需求能否对冲掉美联储即将到来的资产负债表收缩仍然无法确定。在欧洲，银行危机没有明显的改善，除了意大利等国高达 20% 的坏账率，德国的银行体系也笼罩在不断风险减值的阴影之下。

在国内，后利率市场化的冲击终于实实在在地产生了影响，资产荒的烦恼还没有解决，资金荒却已经到来，资产负债两端的夹击已经让金融产业苦不堪言。金融产业的主导——商业银行已经切实感受到产业周期末端的寒意，利差在短短的一年内已经快速收窄到 2%，超配的影子资产在 MPA 监管框架下已经无法做到“以量补价”。产业周期理论已经告诉我们，任何一个产业开始残酷地打价格战的时候，这往往意味着即将进入残酷的衰落期，以及随之而来的破产、重组和兼并潮。

三、美股、中房两大硬泡沫及福利经济学的意义

有两个大类资产的定价逻辑一直令人困惑：美国的股，与中国的房。有人说这两个大类的价格是世界上最坚硬的两个泡沫，也是让金融资产定价理论在逻辑上最迷惑的两个领域。在此前有无数个经济学家预言这两个泡沫将要破裂，但当前来看并没有实现，反而是愈演愈烈。

还有一个更重要的困难在干扰着资产定价的建模，那就是在金融周

期的末端，流动性的退潮或者预期退潮，正在提高全球金融市场的风险联系。因此在定价过程中，局部的量化几乎失效，要想获得更加精准的模型，纳入的变量越来越多。已经有学术研究证明，自美国宣布退出量化宽松政策以来，全球各地大类资产的波动以及波动之间的传染明显增大。也就是我们面临着另一个背离：在贸易全球化退潮的同时，风险全球化却在意外地升级。

泡沫对经济社会的意义在哪里？从帕累托改进的视角来看，美国的股市泡沫和中国的房地产泡沫，都大大改善了居民的财富条件，快速地扩张了其资产负债表，至少从账面上实现了福利改进。尤其是，这两个大类分别是两国居民财富组合里的主要资产，美国的养老金、共同基金、对冲基金等机构投资者，将居民的资产负债表深度嫁接到资本市场里，而购房的热情却不断走低（已经有数据证明当前美国的购房热情指数是危机以来最低），这与中国有很大的不同甚至相反。毋庸置疑，这两大资产不断创造的历史新高，也将两国全民财富的名义价值推向了新高。这种微观改善可以带来宏观上的部分复苏：根据弗里德曼的持久收入理论，财富的增值可以分摊到整个生命周期实现持久收入的提高，最终刺激消费需求。这样的证据在美国可能比较明显，而在中国的表现则微乎其微。

同时，越来越多的学者开始对资产泡沫产生了兴趣，这似乎也可以作为金融周期末端的一个凭证。不乏有人歌颂泡沫：货币主义经济学家兰德尔·赖特说“先有泡沫后刺破，总比从来没有过泡沫好”，他认为泡沫可以缓解流动性约束；日本福冈教授万军民的一项实证研究证明，相对于发达国家房地产泡沫降低储蓄和经济增长，发展中国家的房地产泡沫可以提高储蓄和提高经济增长。这说明在泡沫经济下，政策层通过容忍资产泡沫的政策，运用“财富幻觉”下的财富效应来刺激需求，也能起到一定的提振经济的效果。

四、泡沫盛宴下的财富增值与幻觉

欧文·费雪发现了“货币幻觉”这一现象，即人们往往只从名义价值的角度去度量手中持有的货币，却没有考虑到通货膨胀对名义价值的侵蚀，比如工资涨一倍而物价涨两倍，实际工资不仅没有增长反而减半。而在泡沫疯狂的年代，人们也往往只从账面价值去度量自己或整个家庭的财富状况，资产持有者便会产生“一夜暴富”的感觉。但是，这种感觉在很大程度上是一种幻觉或者至少没那么真实。

首先，我们很明显应该注意到账面价值和市场价值的区别。

账面资产的升值实际上只是一种纸上财富的膨胀，如果在流动性方面没有实现相应的改善，那么这种账面上的资产负债表改善对居民的福利改善或许也只是心理上的，毕竟除了葛朗台式的守财奴，在人们的效用函数里最主要的是消费，即把财富的增值转变为对应的消费计划。有数据已经表明当前居民可支配收入/资产价值的比率几乎创历史新低。

其次，我们也需要注意到名义价值和实际价值的区别。

费雪已经发现了名义价值和实际价值之间还存在着一个通货膨胀率的调整，如果财富的增值无法追赶上物价上涨的速度（或者名义工资增长的速度），那么真实财富价值则会远远小于纸面上的计算结果。甚至，在高速通胀年代，财富累积会被飞涨的物价不断侵蚀而造成真实财富价值的缩水。

第三，我们尤其应该注意到财富价值在风险调整前和风险调整后的区别。

大多数居民实际上缺乏风险过滤和调整的意识和技术，即在财富投资收益的计算里加上未来损失的可能性，将收益扣除掉基于某种置信区间和概率分布的风险损失。可惜，除非专业的风险管理者会采用 VAR（风险价值）、RORAC（风险调整后的资产收益率）、EVA（经济增加值）等技术，一般投资者对自己财富的计算并没有将未来的不确定性和风险侵蚀考虑在内。如同一个在好行情时投资股市的股民，往往会把他阶段性比较优异的收益率当作永久的收益率水平，从而得出不一样的财富增值预期，很显然这是一种幻觉。

最后，我们不得不考虑资产负债的管理。

因为绝大多数居民财富的背后，是巨量的债务和高企的杠杆。比如当前中国的房地产，背后是百万亿计的房地产开发贷款和按揭贷款。因此当我们仅仅在资产端计算财富的时候，不要忘记负债端的时空结构。否则当利率高企或者流动性紧张的时候，一场财富泡沫的饕餮盛宴真的会灰飞烟灭。因此，一个成熟的财富管理产业，一个专业的财富管理体系，对于金融体系的系统性稳定是多么必要。

资产定价的新逻辑：鸽派加息、周期对赌、分子驱动与重尾对冲

背景：2017 年以来，随着美国加息步伐不断加快，全球货币政策开始转向。但是美国的风险资产尤其是股票市场依然屡创新高，这对经典的资产模型带来了挑战。

过去一段时间，全球大类资产的定价紧紧围绕特朗普新政、美联储加息以及中国去杠杆和基建投资展开。然而，随着“特朗普交易”的热情逐渐退潮，黑天鹅群逐渐散去，美联储如期加息，在美国的主导下全球经济竟步入一个小型的经济回暖周期。虽然，英国脱欧仍然还在发酵，欧洲大陆的难民事件、银行危机和民粹主义阴影仍然笼罩，日本的经济复苏前景依然不够明朗。而中国自 2016 年下半年经济增速似乎已经稳住，但为此付出的泡沫和债务风险对价却非常大，导致中国央行毅然决然开始推动金融行业去杠杆。

在此大背景下，对于宏观对冲投资来说，我们需要将以下四个主导力量，在某个置信区间下作为大类资产轮动和重定价的逻辑中枢：

一、鸽派加息

如果将鸽派、鹰派为行，加息、减息为列构造一个 2×2 矩阵，那么

不同的配对代表着不同的含义。同样的加息以及加息点数，鸽派和鹰派展现出的信号意义将会不同，这个信号除了调整利率本身之外，往往还代表着货币当局对经济复苏态势的判断和周期曲线某个区域的确认。比如鸽派加息，往往意味着经济程度的明显好转，因为如果没有大概率的经济回暖信号作为支撑，鸽派绝不会在货币政策上收缩空间。因此鸽派加息意味着，货币价格收紧带来的利空效应会被经济回暖带来的利多效应完全对冲，并产生足够的“多头剩余”，这将首先引发股票市场的做多热情。而与之对应的则是鹰派减息，虽然在货币价格上释放宽松信号，但鹰派的这个放松政策往往会让市场认为经济糟糕到了不得不减息的地步，因此会导致减息带来的多头效应完全被担忧经济衰退带来的空头效应所冲销，并且会产生最终的空头净剩余。除此之外，当然还要考虑到加息频率和点数的预期差，这需要研究央行与市场的博弈（较为经典的博弈模型是动态不一致性，即央行利用预期差实现货币政策效应，但最终会被理性预期冲销掉）。

二、周期对赌

我们认为当前全球经济进入一个中型的危机修复周期，经济增长格局分化的态势已经非常明显。美国的经济复苏是确定的，不确定的是修复的程度和周期的长度。前段时间笔者在美国游学时，已经切身体会到美国经济回暖的温度，比如高速公路的运输车辆较几年前明显增多，当地的朋友根据自己的切身体会（收入、找工作的难度、就业率等），认为美国经济已经恢复了八成。但是，也有不支撑美国经济进入可持续回暖周期的数据，比如复苏明显依赖货币和金融，能源使用量仍然在低位徘徊，国际收支的改善主要得益于页岩气技术带来的能源进口减少，而非能源贸易逆差甚至高于危机之前。除此之外，一些长期的结构性问题，比如储蓄率提振、再工业化等能够改善潜在增长率的力量并没有明显改善。因此对于美国，对赌的不是是否复苏，而是复苏的程度和可持续的长度。

而另一个经济增长的中枢力量——中国，自 2016 年下半年以来则开始了 L 型经济下行阴影下似乎最有温度的一次回暖，无论是宏观的 PMI，中观的挖掘机、重卡、黑色资源类等行业状况，还是微观的企业利润，都有了较为明显的改善和好转。但是这个改善周期究竟是一个小型的预期脉冲，还是一个中型的补库存及资本支出周期，也是一个存在分歧、值得对赌的交易。但是，有两个局部现象值得关注，一个是在需求快速改善的挖掘机行业里，有分析师发现需求最大的挖掘机都是用于挖矿的型号，而其他用途的挖掘机需求改善并不那么明显。这暗含的一个信号是，这轮上中游产业崛起，其实并不是因为来自下游需求端的回暖，而是由于资源类大宗商品涨价引发的“交易性需求”，而非“生产性需求”。这将引发我们对周期可持续性以及新的一轮产能过剩的担忧。

三、分子驱动

对于资产定价逻辑，当前我们必须解释的一个问题是，为什么在全球货币政策拐点之下，几个主要的风险资产仍然屡创历史新高。我们已经观察到，当前全球最具有代表性的风险资产——美国的股与中国的房，都在不断攀升新的历史高度，屡屡突破经济学家预测的拐点，不得不引发我们对背后定价逻辑的思考。按照经典的定价模型，在货币政策出现收紧拐点即利率上升周期，折现率分母会变大（久期越长越敏感）从而打压整个资产价格；与此同时在分子上还有两种主要力量在起作用，一个是股息、利息和房租等现金流预期，另一个则是由于价格变动带来的资本利得预期。

按照现象和结果倒推，在分母变大的情形下风险资产价格的上涨，一定是因为分子上有了能够抵消分母压制效应并产生额外动能的增长力量。对于美国的股，我们认为是分子端美国经济复苏预期带来的股息上升预期，以及资本回流美国带来的资本利得预期叠加。而中国的房，房租之于房价几乎忽略不计，更主要的则是在土地财政体制下产生的资本利得预期（房价持续上涨与房价调控者的利益是激励相容的）。所以，总的来看我们对资产的定价应该更多地关注分子驱动的力量。

四、重尾对冲

虽然黑天鹅风险较 2016 年有了较大的缓冲，但当前来看仍然没有完全消失，而且可能呈现出“数量减少但体重增加”的黑天鹅体征。叙利亚战争雾霾未散，朝鲜核武风云骤起，欧洲各国进入大选密集阶段，各种极端不确定性仍然牵连着金融市场的神经。为了吸取最近两年的黑天鹅教训，全方位宏观对冲减少风险敞口的需求越来越高，这势必带来投资者对避险资产的青睐。因此我们看到美国国债、黄金等传统避险资产，在货币政策和经济周期拐点来临的时候，仍然成为大类轮动里面投资者紧紧抱住的标的。

因此，当前的大类资产配置，无论是择时还是择类，都需要综合考虑上面四个逻辑要素。至于四个要素综合起来的点位如何锚定，理论可能已经无法给予更多，需要在实践和试错中寻找最靠近模型测算的价格中枢。

扭曲的秩序
——风险排污的困境与撕裂的全球化

◆ 能否从全球化浪潮和帝国周期律的历史逻辑中，找到中美贸易战的内在动因以及未来演进？梳理历史，全球化浪潮是一个周期，而帝国也在不断新旧更迭。今天，我们看到全球化又临近一个黄昏，“夕阳西下”的经济贸易周期里，两大经济体在市场和产业链争夺下焦虑而又纷乱的背影。

◆ 习惯了浸泡在货币大潮和低利率河床上的各国经济和大类资产，能否在这次货币退潮中实现“软着陆”并适应流动性稀薄的新环境，是每一个投资者在进行投资和配置前必须思考的问题。

◆ 与风险全球化相背离的是，世界金融治理体系的局域化和碎片化，各国彼此抱怨、互相问罪、画地为牢、以邻为壑，劣币驱逐良币的正反馈机制正在形成，集体行动和利益协调的成本越来越高；而另一方面，货币信用的过度透支也在导致经济问题快速政治化。

全球化的黄昏与帝国的背影——历史视角下的贸易摩擦

背景：特朗普的当选，代表着美国民主政治的选票分配平等与自由经济体制的收入分配不平等，这一矛盾已经激化到某个阈值。也预示着，中国资本项下的利益让渡已经无法调和经常项下对美国“铁锈地带”的伤害。代表金融资本的建制派在民粹主义面前的突然权力失语，让实用主义商人政治家特朗普出乎意料地登上了帝国的宝座。而制裁和压制中国这个假想敌，成为其统治合法性的来源之一。商业逻辑运用到政治手腕中，便是现代的马基雅维利主义。这与其说是美国的内部政治退化，不如说是美国作为现代帝国在全球公共事务中的精致利己主义蜕变。于是未来一段时间，全球公共产品将面临一次巨大的“通缩”。这意味着作为第二大国的外部战略机遇期窗口正在关闭，中国必须直面一个退化为民粹主义、实用主义和重商主义的美国的直接挑战。因此可以预想，中美之间的对抗是长期的、艰难的，而且在以牙还牙的大国博弈中存在巨大的失控风险。

中美贸易摩擦，放到人类文明发展史的长河来看，是东西方两大文明河流奔涌到某个历史交汇处的必然结果。能否从全球化浪潮和帝国周期律的历史逻辑中，找到中美贸易战的内在动因以及未来演进？梳理历史，全球化浪潮是一个周期，而帝国也在不断新旧更迭。今天，我们看到全球化又临近一个黄昏，“夕阳西下”的经济贸易周期里，两大经济体在市场和产业链争夺下焦虑而又纷乱的背影。

一、全球化与现代帝国：基本逻辑

通过占据产业链和价值链的统治地位，全球化成为“现代帝国”新的统治方式。无可否认全球化代表着人类文明的进步，然而依然存在诸多难以拆解的问题。至少，全球化并未消灭战争，否则人类历史上最大规模的“一战”和“二战”，就不会发生在全球化的高潮阶段。

随着人类文明的进步，全球化替代了帝国，强国不需要再通过征服和政治来扩大疆域[①]。正是依靠全球化和所谓的自由贸易，拥有先进文明的国家向全球攫取剩余价值。虽然贸易的过程看上去非常平等和自由，但结果并不是那么美好和公正。有大量的研究表明，全球化带来经济高速增长的同时，也带来严重的贫富差距与文明冲突[②]。虽然看上去整体的物质生活水平和生产技术都较以前有了巨大的进步。

基本的逻辑是，全球化的空间拓展，加速了一个国家具有比较优势的行业的飞速发展，同时也加速了不具备比较优势产业的快速衰落。美国“铁锈地带”的衰落与华尔街的崛起，这一鲜明的对比正残酷地印证着这个规律。或许文明的进步总要付出代价。美国作为现代帝国，依靠全球化对外攫取资源或转嫁危机：一方面向全球输出国际公共产品——科技、货币、语言、秩序与普世价值等；另一方面也在不断向全球征收“帝国税”——从产业资本（跨国公司）到铸币税到金融资本（金融集团）。帝国的本质是征服和扩张。

① 尤瓦尔·赫拉利：《人类简史》，中信出版社2017年第1版。

② 张宇燕：《全球化与去全球化：世界经济的视角》，《探索与争鸣》2017年第3期。

不可否认，美国的确为当代人类文明的进步作出了重要贡献——不仅是技术层面，还有价值观层面。然而，美国始终解决不了它内在的一些悖论，比如特里芬难题，比如民主政治的衰落与难以承受的赤字，比如制造业的去化与长期双失衡等——这一切都源自于国家政治的主权性和经济帝国的超主权性之间的矛盾。

首先我们必须认识到美国金融资本主义的内在秩序，这构成了美国统治全球的帝国本性。因此过去建制派当选时期，无论是民主党还是共和党，代表的都是精英阶层和金融资本。这种形势下中美分工恰好互补——美国通过资本账户为全球提供货币金融资产以攫取剩余收益，中国在经常账户上为帝国提供廉价的商品以稳定通胀，从而稳定整个帝国的统治秩序。

过去20年，形成了这样的稳态G2结构。尤其是，美国次贷危机以来，面对金融危机这一人类共同的敌人，中美之间形成了一致对外的牢固反危机联盟。危机发生伊始，美国推出7000亿美元的救助计划，中国立即心照不宣地跟进四万亿。美国通过联储QE供给基础货币，中国吸纳外汇占款通过国有银行供给广义货币。

反危机G2联盟的资产负债表紧紧连接在了一起。然而，飞鸟尽良弓藏。当美国经济复苏越来越确定，反危机联盟便开始瓦解，G2利益格局的重构提上了议程。再加上，美国铁锈地带的衰落和愤懑与华尔街金融精英的盆满钵满已经到了不可调和的地步，美国的政治结构面临一次根本性的颠覆。

特朗普的当选，便是这种不可调和矛盾集中爆发的结果，表明经济上贫富分化与政治上民主普选之间的矛盾抵达顶点——当经济上财富不断向1%那部分人群集聚的时候，政治上依然遵从绝对平等主义的“一人一票”。

特朗普就是抓住了美国政治和经济之间的这种缺陷而进行“投机套利”，从而横空胜出。看似偶然，实则必然。这种帝国政治衰退的过程，在罗马帝国的历史曾一再上演。并不是说民主政治不先进，而是运行过程中必然出现周期性衰退——好比人的生老病死。

中国的崛起，恰好与特朗普代表的平民阶层产生直接的利益冲突。映射到全球化的幕布上，便是矛盾从资本账户转移到经常账户。过去互补共赢的全球产业链需要一次深刻的重构。在重构之前，需要一场没有硝烟的战争。

二、贸易、战争与贸易战

人类之间的关系处理，交易成本最高的是战争，最低的之一应该是和平贸易。但是贸易需要一套规则，规则的确立与再确立，需要国家之间的博弈和较量。这个过程可以不确切地称为贸易战。

用通俗的话来说，就是能用钱解决的问题都不算问题。用钱不能解决的问题，比如民族冲突、宗教战争，比如意识形态的对峙，氏族部落的世仇，是最昂贵的。除非无法调和，贸易当然成为人们的首选。但依据什么样的规则来进行贸易，需要两个国家来回谈判，以及必要时进行一场商战以探测底线。

从历史经验来看，战争和贸易是替代品。贸易是能实现双赢或者帕累托改进的市场机制。实在不行了，被逼到一定分上了，才会选择战争。以商止战，先礼后兵，不战而屈人之兵，都是这个道理。毕竟炮声一响，黄金万两。多少朝代因为穷兵黩武而衰亡。

当贸易失衡到无法调和，一方的利益改进以另一方的损失为代价，或者贸易双方缺乏有效的再平衡手段，失去低成本获得博弈均衡的可能性，那么继续贸易的成本反而会更大。当矛盾无法转移再加上民族主义或者沙文主义弥漫的时候，战争倒成为一个成本相对较低的、相对简单的选择。

用贸易手段赎买和平古来有之。宋朝的榷场就是一个典型的例子。大宋以银绢岁币赠予北方少数民族，北方少数民族再用岁币购买中原的日常生活必需品。这样经济手段就改变了少数民族过去依靠抢劫掳掠获取生活必需品的方式，避免了由战争带来的高昂的财政负担。然而这样畸形的贸易秩序并没有避免游牧民族的入侵，因为贸易流动领域的暂时和解，无法从根本上掩饰产业之间的差距——农业文明与游牧文明的差距。

当文明的差异太大无法实现有效平等对话的时候，战争和殖民成为帝国主义的有效选择。据说鸦片战争前，英法等国曾多次试图与大清帝国进行协商以修订贸易规则。可惜倾诉无门，因为大清根本没有所谓现代意义上的外交机构，上朝觐见成为唯一的渠道，金銮殿上，下跪磕头当然免不了——还是那种附属国或蛮夷来朝见的“封建”理念和傲慢思维。对西方列国来说，通过贸易处理相互关系的成本开始变得无穷大，冷热兵器差异下的战争反而变得最经济。

从战争到贸易，从贸易到战争，是人类文明进化的一部分。从经济学家来看，战争只是贸易矛盾调和的一种手段，战争是为了规则的再确定——殖民地规则是主要的表现。人类历史上有大量的例子。比如英法七年战争、葡荷战争、美国独立战争。鸦片战争的《南京条约》，实际上就是一个新的贸易规则；《独立宣言》，实际上也是一个新的贸易和经济关系的宣言。

在特定的历史阶段，具体地说在帝国主义对外扩张抢夺资源和市场的阶段，殖民成为最有效和最低成本的“交易”方式。当时两个文明世界的族群之间，是很难沟通的。不是语言和文字的问题，而是文明阶段的问题。当西班牙人一不小心用几百人就征服南美洲一个几千人的当地部落时，他们发现平等贸易才是不划算的。当两个族群军事力量严重不对称的时候，采取殖民主义成为强大的一方最经济的方式。因为冷兵器和热兵器之间，没有战争，只有征服和统治。

殖民伴随着血和火，伴随着资本主义最野蛮的那一部分，也是文明不平等的代价[①]。从几百年前残暴的军事殖民——为了剥夺劳动力和资源，到现在的经济和金融“殖民”——为了攫取越来越稀缺的市场需求和铸币税。人们不再打打杀杀，战争史变成贸易史，从某种意义上代表着人类的进步。虽然亚里士多德、尼采等哲学家高声赞扬战争是万物之母，战争可以洗刷灵魂，但事实证明，纸上谈兵的文官，网上臆想的愤青，往往是战争的狂热者——当然仅限于纸上和网上。战争的残酷只有经历过的人才最懂。

中美贸易战打响前夕，两国也曾一度从表面上进行和解。美国贸易代表团来华谈判匆匆而去，中国贸易代表团也立即回访。美国估计有几个华盛顿不眠之夜，中间也有形式上的缠绵暧昧。然而只要两个大国的河流不断奔涌向前，在某处交汇和碰撞便是必然的历史逻辑。

纵观近五百年全球化和帝国更迭的历史，从荷兰取代伊比利亚诸国（葡萄牙、西班牙），英国取代荷兰，美国取代英国，都伴随着贸易战和战争[②]。因此不奇怪，在中美打响贸易战之际，除了为在最后期限免除加税而狂奔的贸易商船，还有在台海地区游弋的军舰和航母。在以牙还牙的大国博弈面前，在囚徒困境的历史漩涡面前，谁又能左右得了命运？

---

① 龙多·卡梅伦、拉里·尼尔：《世界经济简史——从旧石器时代到20世纪末》，上海译文出版社 2012 年第 1 版。

② 迈克尔·霍华德：《欧洲历史上的战争》，辽宁教育出版社 1998 年第 1 版。

三、全球化浪潮、制度竞赛与帝国更迭

古代的欧亚大陆，不同国家和种族之间的来往，由于种种原因成本很高，往往一言不合就兵戎相见。于是，从经济学的角度来看，为了消除战争带来的高昂成本，或者将战争的溢出成本内化，国家之间出现征服兼并——类似企业的纵向或横向一体化[①]，所谓以战止战、天下一统。从亚述、波斯、马其顿到罗马，帝国更迭频繁，主要的模式是通过军事和暴力征服的方式扩张疆土，完成局部性全球化的联系。

帝国是一个巨大的能量耗散系统，需要不断地开疆拓土来满足新的权贵阶层。罗马帝国的伟大之处是对罗马公民身份的开放，以及早期罗马共和制度以自耕农体系为基础的统一战线动员能力。这就需要不断地对外扩张，以获取新的要素资源（土地和奴隶），来满足同样不断增加的罗马公民利益。这种帝国供养模式，采取的不是贸易全球化，而是军事和国家的一体化[②]。

这意味着，大航海时代前的“全球化”只能以国家内部统治的权威形式出现。因为国家之间由于种族、文化、语言、宗教的不同，独立主体间的交易成本非常高。国际治理秩序只能通过国家征服兼并置于统治内部实现，即国家取代市场。

漫长的中世纪，因失去罗马帝国供给的统治秩序，欧洲诸国的统治模式退化到封建时代——庄园和城堡的自给自足模式，类似于中国的春秋时代（据说春秋时期在册的国家达一千二百多个）。这种模式下，小国之间难

---

① 弗朗西斯·福山：《政治秩序的起源——从前人类时代到法国大革命》，广西师范大学出版社 2012 年第 1 版。

② 欧阳莹之：《龙与鹰的帝国》，中华书局出版社 2016 年第 1 版。特奥多尔·蒙森：《罗马史》，商务印书馆 2015 年第 1 版。

免纷争，好在基督教神权体系维系着形式上的礼乐秩序和统一文化的火种。

中世纪过后，人类开启了真正的全球化时代，不仅空间的范围不断扩大（跨洋和跨大陆），时间上也越来越长。得益于航海技术的提高，以及资本家尤其是原始积累的资本家在重商主义蛊惑下对金银财富的渴望。马克思说得对，资本家可以为了巨额利润铤而走险不惜代价。于是从 16 世纪大航海时代开始，欧洲诸国粉墨登场，轮流成为全球化的主角。

16 世纪，伊比利亚诸国（葡萄牙、西班牙），通过国家资本的形式，依靠军事暴力的手段加快对外殖民，从北美和非洲掠夺贵金属和劳动力，支撑重商主义政策，一度成为欧洲的“帝国”。但是，在国家资本主义体系下，政府的大肆挥霍和缺乏活力的底层经济，加上没有产业基础，最终导致曾经不可一世的海上霸主相继衰落。

17 世纪，荷兰共和国异军突起，通过商业资本的形式，充分发挥不受宗教和传统牵绊的创新优势，调动商人和市场的力量，不再主要依靠国家资本而是以私人股份制的模式暂时抢占了海上的霸权，成为欧洲新的贸易帝国（霍华德，1998）。从波罗的海到整个欧洲的商船，超过 60% 属于荷兰贸易公司。而全球贸易则基本由东印度公司和西印度公司垄断——东印度公司垄断印度洋和印度尼西亚地区的贸易，西印度公司垄断与非洲西海岸和南北美洲的贸易。这样的好景维持了不到半个世纪，过去充满活力和自由竞争的商业资本逐渐演化为垄断资本，最后成为某个垄断区域的“国中之国”[①]，最终也逃脱不了帝国衰落的周期宿命。

18 世纪，英国终于登上了欧洲文明的中心，并最终成为真正的“日不落帝国”。英国享有的帝国时代，比上述几个所谓的近代帝国的时间都要

① 龙多·卡梅伦、拉里·尼尔：《世界经济简史——从旧石器时代到 20 世纪末》，上海译文出版社 2012 年第 1 版。

长，影响力都要大，掀起了一个全球化浪潮的高峰。与前文不同的是，英国推动的全球贸易，具有强大的产业支撑——工业革命。这标志着，资本帝国第一次从商业资本，过渡到了工业资本或产业资本。工业革命——迄今为止已经经历了四次——本质上是一种技术周期。作为一种外生冲击，所带来的生产率的进步，重构了过去全球化“零和博弈”掠夺式的帝国逻辑，第一次带来了全球经济总量的飞速增长。当然，也必然付出结构极化的代价——发达国家通过占据全球产业链的优势攫取落后国家的剩余价值，同时将环境污染和金融风险进行转嫁。

19 世纪末 20 世纪初期，美利坚合众国成为新的霸主，并在“二战”后建立了真正的全球化帝国体系。此后，历史进入了盎格鲁—撒克逊文明时间，代表性的事物包括五月花号、自由女神、淘金热潮、全球贸易、新古典市场、商业契约、跨国公司，新教伦理与资本主义，普世价值与个人关怀[①]。第一次工业革命的周期被英国启动后，第二次、第三次、第四次，皆由这个新的资本主义帝国引领。全球治理体系初步建立，世界银行、联合国与关贸总协定。美国依靠遍布全球的几十个军事基地，四处游弋的航空母舰，世界性语言和货币，强大的哲学、政治、经济等理论武器，直达人心的自由和人本主义思想，从精神和肉体上统治着全球。

总结大航海时代以来全球化浪潮的基本规律，我们发现决定主导浪潮或者中心帝国形成的，表现上是技术上的优势，根本上则是体制的胜出。具有体制优势的国家往往战胜旧帝国而成为新的主角。而体制的优势体现的是组织的活力，以及对资源的整体动员能力。

伊比利亚诸国依靠的是国家资本主义，或者更具体地说是皇家资本主

① 罗伯特·戈登：《美国增长的起落》，中信出版社 2018 年第 1 版。

义——斐迪南和伊莎贝尔用皇室的钱资助了哥伦布大冒险。国家资本主义的确在短期内具有集中力量动员资源的优势，但是并不具备持续性。当一国之命运维系于一两个人，当皇室穷兵黩武、大肆挥霍，当国家的偏好只是为了更多的财政收入，比如偏好易于征税的产业，为了增加短期财政收入加大国家垄断，最终会不可避免地导致经济活力衰退。同时，西班牙、葡萄牙的初期对外殖民，依靠的民间冒险家也都是一些投机分子，并不具备所谓的资本主义精神。

新霸主荷兰的胜出是充分动员了私人资本和市场的力量。荷兰是一个宗教条框和政府管制极其宽松的地方，可以称为当时的“经济和商业特区”，吸引了大批宗教避难和热爱冒险的商人及资本。并且最先创立了能够有效集中资本和动员资本的股份有限责任公司，创造性地分散和隔离了风险。荷兰的衰落是因为资本的高度集中和垄断后，自由经济受到伤害，加上经济体偏小缺乏产业基础，本质上仅仅是一个贸易型国家，于是很快就被英国取代。

英国在宪章革命之后率先在政治上建立了宪政和代议制政府，商人和资本家阶层在与国王的博弈中依靠自身的经济实力逐步争取到自身的权益（每次增加税收都要与商人和资本家谈判），资本主义体系较早地建立并率先点燃了工业革命的引擎。市场自由主义（谷物法和航海法的废除）+工业革命引发的技术飞跃+资本的快速积累，成就了一个真正的日不落帝国。而后美利坚合众国的帝国故事，不过是盎格鲁—撒克逊体系的延续。

经历了战争的洗礼，人类文明当然进步了，动不动就打打杀杀当然不是新派帝国的做法。美利坚帝国当然不会或者不用，以及不能主要依靠武力来处理纠纷。武力在很大程度上代表着终极，一种可以刚兑的信用，一种不用标榜的公允。

人们既然已经厌倦了战争和暴力，贸易就重新成为最经济的统治模式。全球性的基础设施需要重建，例如联合国、世界银行、国际货币体系、关贸总协定即后来的WTO。一个全球治理体系已经建立，也代表着一个新型现代帝国的建立。如今，类似罗马帝国的政治变迁，美国的政治体制也发生了巨大的变化。这将导致美利坚帝国将重构其全球统治逻辑。在这一重构中，中美贸易战只是开端。

四、周期律之咒、帝国的困境与全球秩序重构

帝国是一个周期，从出生、茁壮，到衰老、死亡，逃不开的周期律。时间最长的罗马帝国，500年后也照样寿终正寝。从共和制、僭主制，到君主制、帝国制，罗马几乎经历了所有的政治形态。罗马帝国的故事告诉我们，历史没有终结。弗朗西斯·福山过于乐观了。民主和共和制也会退化。美国当前经历的，就是一场政治退化。虽然，很多表象看上去依然很美好。

开篇就已经指出，当殖民地纷纷独立，全球化是当代帝国的一种统治方式。当全球化不利于帝国统治的时候，美国当然要作出改变。从这个意义上来说，美国不是在反全球化或者逆全球化，而是反对不利于自身利益的全球化，重建有利于自身利益的全球化。

因此全球化不会终结而是会变异，本质上是权力秩序的重构。然而，事实的逻辑是，全球化成就了美国，但也在牵绊着美国。美国推进并主导着全球化，但也在侵蚀和撕裂着全球化，即所谓的二律背反。

困境一：特里芬难题，说到底是美元作为国家法币的主权性与作为全球贸易货币的非主权性之间不可调和的矛盾。美元与黄金的脱钩，暂时摆脱了特里芬难题，但又在制造新的特里芬难题——货币需求的超主权与货币供给的国家主权之间的矛盾。这个矛盾，已经从商品和服务贸易领域，

转移到了金融领域。

当全球化步入到金融帝国阶段，金融资产的交易远远超出货物贸易，商品的定价逐步由金融资本来决定。全球金融资产的交易需要一个稳定供给的美元体系，但是美联储的货币政策却为了满足美国国内的政策目标而决定美元的供给。这就势必造成全球金融市场乃至经济体系，共同承担美元供需波动带来的危机和动荡。实际上，美元的每一次放松和收紧、减息和加息，都会在全球制造巨大的泡沫和危机。客观上也形成了全球各国对美国金融危机的分担。

困境二：双失衡悖论，说到底是美国依靠金融资本统治全球所产生的贸易赤字和制造业空心化与国内选民就业率不断下降及贫富分化之间的矛盾。太阳底下并无新事，罗马帝国当初也面临这样的问题，在帝国扩张到一定阶段以后，拥有土地和财富的权贵阶层与普通罗马公民之间的贫富差距越来越大，最终导致两个阶层发生冲突，保民官被取消，共和制衰退为君主制。

美国的经济帝国大体经历了两个阶段：产业资本统治阶段和金融资本统治阶段。“二战”以后，通过马歇尔计划向欧洲然后向全球输出产能，主导全球制造业的产业链，跨国公司遍布各国（产业资本全球化），并以此为基础形成石油美元，为世界金融体系打下基础。20世纪70年代，布雷顿森林体系崩溃以后，美国的全球化统治模式步入金融资本阶段。不仅仅向全球没有约束地输出基础货币，还依靠卓越的金融投资能力参与到各国的金融体系赚取金融收益。于是，进入21世纪后，美国出现了违反国民经济会计等式的难题：经常账户和资本账户双逆差。按道理，一国经常账下为逆差，必定会导致本国从国外借债消费，从而在资本账下出现顺差。然而在美国却出现了不可思议的双逆差，究其原因是，美国将借来的资金又作为资本输出的形式在其他国家进行投资（FDI）——可见资本帝国的金融投资和运作能力。与美国国际收支呈现镜像关系的是中国——经常账户和资本账户的双顺差，两个大国构成了全球贸易和资本格局的双失衡。

在这个失衡局面中，中国以其巨大的双顺差备受诟病。然而如果能意识到下面的数据，就会对美国金融帝国的价值攫取模式有深刻的认识：中国将贸易顺差形成的外汇储备以不到3%的利率（美国10年国债到现在都不到3%，量化宽松时更低）将钱借给美国，美国运用借来的资本以FDI和对冲基金的形式在中国及全球进行投资，近20年得到复合收益率大约到18%（经过公开数据估算），中间15%左右的利差便是美国资本账下的超额利润。然而，这种金融帝国攫取的价值剩余，仅仅惠泽华尔街金融精英集团，对于中低端白领蓝领阶层，带来的却是由于资源向金融资本倾斜产业资本虚脱或制造业空心化造成的失业。在美国这种政治体制下，又会造成下面一个困境。

困境三：民主政治与市场经济不可调和的难题，也就是政治市场上一人一票，绝对的平等，但经济市场上却在不断两极分化。这种民主政治与自由市场之间的背离，导致的结果便是2016年大跌眼镜的总统大选——带有民粹和极端保守主义色彩的特朗普当选。实际上，民主国家都存在这样的问题，才会导致英国脱欧和民粹主义在欧洲大陆横行。

困境四：全球化下商品市场的自由流动，与国家主权壁垒和政治障碍之下要素（人口和资本）无法自由流动之间的矛盾。不同于罗马式征服形成的统一帝国，以全球化为主要形式的现代帝国的困境在于，全球化要求商品和要素的无障碍流动，但由于没有实现政治统一，在国家主权壁垒和政治沟壑的阻碍下，出现了另一种背离：商品市场的全球化可以高歌猛进，但要素市场的全球化却举步维艰——国别间直接的移民从来都没有完全放开，而资本账户在很多国家也限制重重，重要行业的收购和兼并往往带有种种限制，主权干预和政治色彩浓厚，等等。

这导致的结果便是，即使美国的实际工资远远高于中国，中国的劳动力也无法通过移民到美国工作；即使美国的某些资本品物美价廉（高科技产业资本），中国的资本家也无法进行收购或投资。这种背离最终造成要素流动的限制通过经常账户和资本账户的双失衡来承载——既然劳动力无法移民而商品和资本（部分）可以自由流动，那么商品可以净流向美国同时美国的资本也可以到中国投资建厂来享用中国的人口红利和自然环境（环保标准低）。严格意义上，若戴上有形眼镜，这不过是另外一种经济殖民。

基于此我们必须重视国际贸易体系在这种背离中形成的二元结构——可贸易品和不可贸易品。巴拉萨—萨缪尔森效应，描述了经济增长、实际汇率和通胀水平之间的关系。在这个框架下我们可以解释中国的货币金融的扭曲问题，比如货币的内贬外升、广义货币堰塞湖和大类资产尤其是房地产的持续泡沫等。所有这一切，不过是置于全球市场的可贸易品和只能在国内市场消化的不可贸易品之间的价值对立，前者由于在国际市场上经受了竞争和考验，而后者比如教育、医疗等则出现了畸形的供需缺口。

实际上，近现代以来，每一个帝国的崛起，无论是英国还是美国，都伴随着新的工业革命，核心的力量是制造业的崛起。然后从制造业逐渐过渡到商业和金融，从生产性努力向分配性努力迁移。因为工业化的末端总是伴随着生产的过剩，继而是对市场的争夺。

回到全球化与美国。从现代帝国的逻辑来看，美国不可能放弃和真正反对全球化。事实上，越是强大的国家，越大力推行全球化和自由贸易，毁掉全球化就相当于毁掉了帝国的根基。只有依靠全球贸易和金融体系，美国才能源源不断地从世界各国攫取收益，以供养昂贵的民主福利体系。罗马帝国征收的是行省税，美国征收的是铸币税而已。不一样的税种，但是一样的效果。而且如凯恩斯所言，铸币税更加隐蔽，税基更加庞大，更不易引起纳税人的反感。

为什么特朗普当选后开始反对全球化了呢？实际上特朗普反对的不是全球化本身，而是当前的全球化秩序无法代表他背后的选民。为了维持民意支持率和合法性，特朗普必须重构当前的全球化秩序。因为对美国来说，当前的全球秩序是以金融资本家为核心利益的秩序，是有利于金融资本全球统治的秩序。所以特朗普之前代表建制派的总统，都没有这么彻底地要反对这个全球秩序，因为这是符合金融资本集团利益的。

前面已经提到，布雷顿森林体系瓦解之后，美国开始转为采用金融资本的方式统治全球经济。具体的表现是通过资本账户攫取金融超额收益，而在经常账户上积累赤字，以满足美元以债务信用的形式保持扩张以供养全球金融资产。但是这种全球化模式，会以制造业空心化为代价。

这也是民主政治帝国的缺陷所在——为了获取选票，政治家们不断提高选民的社会保障从而提高了劳动力成本，导致资本跨国向劳动力成本具有相对优势的国家和地区迁移。这样，美国在资本账户不断满足金融资本家攫取利润的需要，与经常账户让渡商品贸易的背离，通过国民收入分配机制造成了贫富分化——资本家和劳动力之间的收入和财富差距越来越大。

为了缓解这个矛盾，美国政府强制性地向选民分配金融资产——房地产信贷的民粹化。让每一个美国人都拥有一套房子成为那时的美国梦，这跟近一百年前大萧条前让每一个美国人都拥有一辆汽车的口号何其相似。零首付、破产清偿隔离（房贷无法偿还需要清算时仅限于房地产本身而不能牵涉其他个人资产）、超低利率，实际上免费给广大美国民众赠送了房产 + 卖出期权。再加上华尔街投行们各种衍生品拉伸的金融产业链，更加助推了泡沫的疯狂蔓延。

金融危机的爆发，让这个依靠金融资本强制分配讨好选民的方式破产。这种方式不仅没有缓解美国内部的矛盾，反而因为救助金融危机继续加剧了这个矛盾。一个具体的表现是，次贷危机对国家造成巨大损失并耗费了大量纳税人的钱进行救助的 2009 年，华尔街几家靠救助幸存下来的金融集团的高管的奖金却创历史新高。愤怒的民众冲进华尔街发动占领活动，但并没有改变什么。这个帝国的统治方式是无形的蒙昧与残忍。

奥巴马作为美国历史上第一个黑人总统当选，就已经表明这个帝国体系正在走向阴影。但作为建制派和华尔街的代表，奥巴马并不能也无法向自己代表的利益集团开刀。史无前例的量化宽松，违背自由市场经济的直升机撒钱，反而更加有利于金融资本的茁壮成长。几乎零利率的金融资本成本，继续带来各大类资产的狂欢，金融资本家照样赚得盆满钵满。

华尔街的纸醉金迷和歌舞升平，与“铁锈地带”的断壁残垣和芳草萋萋，形成残酷的时代对照。在这一背景下，历史选择了特朗普—— 一个脱离美国统治精英气质，看上去不靠谱但是正在从根本上颠覆全球秩序的商人。这一历史选择，可能正在改变每个人的命运。

五、中美贸易摩擦：两个价值系统的终极对决与现代帝国的原生性悲剧

如果仅仅把中美贸易战看成是简单的国际贸易摩擦，或者暂时的国际经济纠纷，那就可能犯巨大的战略性错误。大国之间的冲突，往往表面上表现为经济和贸易的冲突，本质上则是政治、文化和价值体系的对决。

可以分浅、中、深三个层次来看：

浅层次看，是中美之间在经常账户上的分歧和争夺，是国际贸易和投资双失衡下的强制再平衡。这一强制再平衡的过程，将不可避免地给原先的顺差国带来巨大的经济冲击。虽然，从线性的测算上，对 GDP 拖累的绝对数值可能不会太高，但是在杠杆传导链和乘数效应下，影响将会巨大而深远。

中层次看，经常账户争夺的背后则是两国制造业和中低收入阶层的对抗，是美国的“铁锈地带”民众利用民主政治机制，通过选举出来的商人总统特朗普向中国传导压力。实际上也是民主资本主义体制与中国特色社会主义体制之间的较量。而具有集中权力优势的社会主义，更加有利于大工业和制造业的组织生产，这成为美国对中国市场经济的广泛诟病。同时也意味着，国别间无法实现的劳动力要素流动压力，转化到国际贸易经常账户上的“深仇大恨”。

深层次看，则是文化和文明的冲突。无论是对国际贸易规则的理解和遵守，还是对游戏过程中的具体商业行为，实际上都暗含着中美之间价值观和思想理念的深层次冲突。从文明的基因和属性来看，西方诸国是外放的。如果把地中海文明作为起点，从米诺斯到迈锡尼，从希腊城邦到马其顿帝国，西方文明的基因是海洋，是商业。征服和掠夺是根子里的。游牧文明也是一样，这是他们的生存逻辑。只有农业文明是内敛的。所以当我们说和平崛起的时候，他们并不是全信。毕竟从博弈论的角度来看，这并不是一个在海洋文明和商人视角来看可信的承诺。

从文化源流上来看，美中之间的文化差异，可以看作是《圣经》与《易经》的差异。《圣经》,《旧约》《新约》，上帝与人之间的约定，本质上是契约精神；《易经》，生生为易，六十四卦，变化多端，无可无不可，本质上是相机抉择。两者之间也有很大的相通，比如《旧约》诗篇中“敬畏耶和华是智慧的开端"，而《易经》的离卦初九爻"履错然，敬之无咎"。两者不约而同地强调了敬畏的作用。然而中国近现代的文化改造和断层，已经基本放弃了对人类终极命运的关怀和追问，以及对道的敬畏和探索。于是导致中美文化相通的地方越来越少，差异的地方越来越大。

浅、中、深三个层次的矛盾汇聚，终于以贸易战的形式爆发。而且有几个迹象让我们非常担忧，事态的进展可能在以牙还牙的大国囚徒博弈中走向不可控的局面：

第一，美国国内各大政治势力，无论是建制派还是反建制派，无论是共和党还是民主党，在贸易制裁中国这个事情上，分歧越来越少，正有一种强大的力量凝成共识。

第二，美国民主政治中存在的传统的"否决政治"问题[①]，在当前得到较大程度的缓解，动员公共资源的效率大幅提升。特朗普的贸易制裁提案在议会基本上都能通过，这在以前是绝无仅有的，也证明在制裁中国这一立场上，美国各阶层也在形成前所未有的共识。

第三，特朗普的民意支持率不断攀升，一度达到历史新高成为支持率第二高的总统。这说明，制裁中国成为其重要的执政基础，甚至是重要的合法性来源。由此特朗普的现代马基雅维利主义、孤立主义、民粹主义，正在与美国传统的民主政治文化和社会思潮相互兼容。这些都预示着特朗普针对中国的各种贸易甚至军事制裁举措会长期存在。

贸易战的经济后果，从传导路径来看，可能表现为：经济复苏停滞—成本推动型通胀—经济滞胀阴霾蔓延—新兴国家金融与经济危机—危机向

---

① 弗朗西斯·福山：《政治秩序与政治衰败：从工业革命到民主全球化》，广西人民出版社 2015 年第 1 版。

全球传导。传导的链条并不一定是单向串联，中间会有并联的同时推进。但无论如何，处于产业链下端和在边际上高度依赖出口拉动的中国，将面临巨大的被动作战压力。

还需要注意以下五点：

第一，中美贸易战，虽然表面上是中美之间经常账户的直接对抗，实际上关系到产业链上的众多国家。至少，中国以电气机械设备等为主的出口贸易塌缩，会直接影响到产业链上游国家，比如韩国、日本和德国等。高端核心的技术和设备都从这些国家进口，中国利用劳动力成本优势进行组装，然后出口给美国。因此中美贸易战，实际上触发的是国际贸易的世界大战！

第二，国际贸易战中，历史规律昭示顺差经济体总是输给逆差经济体，从晚清中国与西方列强，从美国与亚洲四小龙，从美国与日本，基本上都是这样的规律[①]。因为顺差经济体形成的对外贸易依存度和出口导向型产业结构，一旦出口遇到问题，整个经济遭遇寒冬。这是出口导向型国家的经济脆弱性。

第三，对长期贸易战的耐受力取决于进出口品的替代弹性。从双方的贸易结构来说，中国出口美国的主要是工业品，而美国出口中国的主要是农业品。两国谁更有能力寻找到产品进出口替代国并有效安抚各自的受损利益群体，也决定了对贸易战的耐受力。

第四，全球滞胀压力与新兴国家金融危机。关税的提升直接提高了物价成本，同时市场的彼此封闭也降低了经济的增速，滞胀魅影会逐渐笼罩全球。此时货币政策几乎没了空间，宏观杠杆率较高的经济体将面临巨大

① 华民：《新“里昂惕夫之谜”：贸易失衡的超边际分析——兼论中美贸易摩擦的理论根源与演变趋势》，《探索与争鸣》2018年第6期。

的系统性风险。按照以往的金融危机经验，此时全球资本将出现巨大的板块漂移，新兴国家面临巨大的资本流出压力，货币危机与金融危机可能会同时发生。

第五，财政政策滥用带来的政治收缩和战争风险。货币政策的失灵促使政府只能过度依赖财政手段，而财政手段需要的国家资本主义机制会导致统治形态加速收敛，军事对抗的动员机制进一步形成。为了弥补经济压力带来的社会共识离散以及执政合法性塌缩，加上国家主义、民族主义、民粹主义等社会思潮的泛滥，大国政治的原生性悲剧逐渐显现，从小范围的军事冲突到大规模的军事对抗可能在失控的局势中突然上演，而在此前大部分人都不会相信[①]。

大国博弈的囚徒困境，以牙还牙对抗策略的自我强化，形成一股强大的历史漩涡，推动两个大国驶入国际政治与经济的“百慕大三角”。中国的崛起，受益于以发展中国家身份加入 WTO 以来经济贸易和产业链分工的全球化红利，也为之作出了巨大的贡献。贸易战，或许才是中国真正的“国运”，因为它促使我们反思“中国特色”的不足之处，让我们敬畏市场经济的“普世规律”。

贸易战也会让我们真正体味到改革的价值，认识到人本主义的个人关怀对大国经济重塑的价值，而不是一味地在刚性的集体秩序里走向僵化。而从行动上已时不我待，只有抓紧完成政治经济体制的改革——尤其是建立现代化的金融、财政和国企体制，以市场经济主体的身份融入到国际经济与社会生活中，从而最终完成跨越中等收入陷阱的第二次“中国奇迹”。从这个意义上来说，贸易战，才是中国经济真正的“成人礼”。

---

① 米尔斯·海默：《大国政治的悲剧》，上海人民出版社 2003 年第 1 版。

全球经济能否承受货币退潮之痛

美联储持续加息并扬言缩表，欧洲央行明确不再降息，日本央行模拟退出宽松，中国央行推动金融去杠杆……在历经近 8 年之久的全球货币宽松大潮之后，各国央行步调一致地启动了货币退潮的“按钮”。但是，习惯了浸泡在货币大潮和低利率河床上的各国经济和大类资产，能否在这次货币退潮中实现“软着陆”并适应流动性稀薄的新环境，是每一个投资者在进行投资和配置前必须思考的问题。

一、史诗级的量化宽松大潮

自美国次贷危机以来，在美联储的带领下，全球央行几乎一致行动开启了历史上前所未有的货币宽松大潮，至今为止至少购买了超过 10 万亿美元的包括国债、企业债、股票等在内的各类资产。即使在美元加息的通道内，企图回归货币政策正常化的今天，全球央行每月向市场注入的流动性仍然超过 2000 亿美元（2016 年全年共注入流动性达 2.5 万亿美元）。

各国央行量化宽松的方式简单粗暴，那就是“买买买”。美联储自不用说，除了危机时期购买的次级债券（“两房”的资产），在后续的 QE 中还购买了各种债券和证券化产品，间接推动了美国金融市场的大繁荣。因此我们看到美国经济即使在没有明确复苏或者复苏乏力的实体经济背景下，股票市场仍然创造了历史第二长牛和指数第一高度，要知道美国上一个股市长牛（1991—2001年）对应的年均GDP增长率在3%左右。

而原本危机四伏的欧洲债务，竟然能在不可思议的财政赤字、轮回上演的违约闹剧以及某些国家银行不良率超过20%的情境下继续安稳生存，这些满目疮痍的有毒资产的存续，毫无疑问需要低利率甚至负利率的货币“福尔马林”的浸泡。全球央行持续购买各类资产，甚至到了无债可买的地步。欧洲央行已经购买了欧洲地区超过35%的企业债，日本央行在无法大额购买国债和企业债的情况下，开始大量购买公司股票，如今已经持有81家上市公司超过5%的股份，成为至少55家大型上市公司的第一股东。

二、全球经济的“货币依赖症”

史无前例的货币大宽松，使全球经济患上了货币依赖症。各国央行在技术周期和产能周期的末端，却创造了一个史无前例的超级金融周期。美联储利用美元的世界货币地位向全球供给基础货币——既然石油货币已经退出历史地位，那么对于处于债务危机中的欧洲来说便是“避险货币”，对于处于大投资中的中国来说则是“产能货币”。

期间，也有央行做出过撤出宽松政策以回归正常状态的举动，但都引发了巨大的金融动荡。远的比如2011年，欧洲央行决定收紧货币并开始加息，于是触发了全欧洲的主权债务和欧元危机，于是也就半年的时间便重启宽松之路，而且宽松的力度数倍于前期，最后甚至采取了负利率的极端政策。

近的则是美元退出QE并启动加息议程，加息还未正式开始，新兴国家就爆发了货币危机：俄罗斯、巴西等国家的货币汇率遭到“腰斩”，影响力最大的经济体中国也开始了大类资产震荡的轮动，从股市，到汇市，再到近期的债市，无一不直接和间接受到全球宽松货币退潮的影响。

然而这一次面对因货币政策引发的金融动荡，美联储并没有轻易让步，仍然在制造美元可持续加息的预期。央行的这种自信源自于对经济周期复苏的信心，认为实体经济已经开启了持续增长的“新周期”，足以能够承受货币退潮的冲击。实际上，相比于美元两次加息之间由黑天鹅掀起的惊涛骇浪，近一年多以来全球风险资产经历了一个难得的风平浪静的“美好时光”。在这个缓和周期内，美国大选的尘埃落定当然是主要原因之一，除此之外英国脱欧的风波渐平，全球经济的普遍回暖以及新兴国家货币汇率的稳定，也都起到了较大的支撑作用。尤其是近一年以来，中国经济在L型走势中出现了一个较大的反弹。甚至，国际资本开始从发达国家流回新兴市场，这显然预示着投资者对全球经济前景的预期改善，以及风险偏好的提升。

三、新周期还是旧复苏

但是，我们无法确信全球经济步入了明确的新增长之路。旧复苏还是新周期，这样的争论显然不仅拘囿于中国经济，放眼全球都会存在这样的迷思和争辩。在美国，持续的经济回暖究竟来自何处，重回强劲的持续增长路径需要什么样的动力注入？在货币政策回归正常化——美元加息到正常水平和美联储去QE缩表——以前，在屡创历史新高的股市完全将正常化的货币政策定价之前，在特朗普执政团队与白宫既有体制和文化取得和解并达成共识共同推动重建美国计划之前，以及在就业率能够夯实和垃圾债市场、财政悬崖等种种问题得到有效缓解之前，我们对所谓的美国经济新周期还不能报以过分的乐观预期。

而欧洲和日本等其他发达国家和地区，面对同样的问题——仍然处在后危机时代量化宽松的货币保护之下，隐藏在商业银行资产负债表内的有毒资产（欧洲几个国家）和隐藏在中央银行资产负债表内的过于臃肿的国内债务（日本），如果没有得到妥善的去化和修复，我们也没有理由确信这些经济体能顺利走上长期复苏之路。

在新兴经济国家，印度继续依靠人口优势抓住服务业周期表现突出，但公共产品供给薄弱的根本性问题没有得到改善。俄罗斯和巴西等在美元加息初期货币遭到“腰斩”屠杀的新兴国家，汇率得到了明显的修复并表现稳定，然而继续饱受滞胀之苦，未来增长之路依然不明朗。

能够对全球产能起到决定性作用的中国，在近一年以来也成功制造了一场中型产能周期，带动全球铁矿石等能矿的产量增速创多年来新高。人民币汇率，也在最近几个月展开强势反攻，宏观调节因子的纳入，表达了中国央行维护汇率稳定的决心。

但是中国经济的这次反弹，绝大部分动力源来自于由供给侧改革引发的产能、库存和价格信号的刺激，主要的复苏力量来自于上游和中游产业，集中在以国企为主的生产资料行业和房地产及相关领域。从当前的数据来看，产能和库存开始高企，生产资料价格指数（PPI）和领先指标采购经理人指数（PMI）已显颓势，主要的周期牵引力量房地产投资也已经掉头向下低位运行，这一切都预示着中国经济在2017年下半年并不乐观，所谓的新周期很可能很快被证伪。

四、货币退潮充满风险

同美联储一样，中国央行也在看似主动实则被动地退出宽松政策。自2016年下半年开始，央行开始有意抬高各种公开市场工具的利率中枢，并持续收紧流动性供给。而且，面对国内积疴成患、野蛮生长的影子银行，监管当局采用行政手段开展了强势的金融治理运动。这样，在流动性持续吃紧、利率中枢高位攀升的新气候里，原先建立在低利率、宽货币下的高杠杆盈利模式已经遭到持续打击。然而，中国货币政策转向的紧缩效应，已经在市场化程度较高的股市和债市里，都作为风险溢价得到了明显的反应——如果剔除蓝筹股的支撑作用，股票指数已经跌破三年以来历史低位，注册制改革又遭到了市场的“报复”；债券发行价格也回到了近五年以前，取消发行的数量也创多年历史新高。而且这明显已经冲击到了实体经济。

总的来说，虽然出现了回暖的迹象，但并没有足够的证据表明，习惯并成长于货币宽松温床上的全球经济，能够承受货币退潮带来的紧缩冲击。毕竟，经济金融系统对于货币大潮来说，具有很强的不可逆性（潮来容易潮去难），这在历次危机历史上都得到了证明。然而全球央行也没有别的选择，只能在自己培育的沼泽地内，继续小心翼翼、亦步亦趋地前行。至少在新的危机爆发以前，他们会继续自己的压力测试之路。

全球风险治理体系的囚徒困境

人类都在为二氧化碳的过度排放担忧，却很少有人意识到，自20世纪下半叶，尤其是美国次贷危机以来，全球正在遭受一场史无前例的金融风险污染，主要资本主义国家利用金融产业链优势竞相排污，全球信用生态正在遭受前所未有的人为破坏。

当前的金融风险问题，已经演变为一场史无前例的类似环境污染和气温变暖的“全球问题”。资本主义国家竞相将本国的有毒资产通过货币放水进行清洗，然后通过一体化的金融市场在全球进行风险排污，最终导致全球金融风险板结，风险货币化的宽松政策逐步失效。如果世界无法建立起全球金融风险的排污治理体系，大类资产就必须学会风险雾霾下的生存，直到传统金融模式和信用货币体系的终结。

认识到这一点是判断包括美元加息、新兴国家危机、大宗商品波动等核心问题的关键，而这已经很难用经典的经济学和金融学理论来解释——一旦风险全球化板结，那么被纳入系统的内生变量会越来越多，可控变量会越来越少，不可控的动态演化力量将逐步占据主导，传统的经济增长理论和资本资产定价模型将逐步失效。然而与风险全球化相背离的是，世界金融治理体系的局域化和碎片化，各国彼此抱怨、互相问罪、画地为牢、以邻为壑，劣币驱逐良币的正反馈机制正在形成，集体行动和利益协调的成本越来越高；而另一方面，货币信用的过度透支也在导致经济问题快速政治化——西方各国很可能面临一个严峻的政治收缩周期，民主的决策成本和扭曲风险在加大，政治结构开始向两极分化裂变，威权主义和民粹主义可能在全球同时盛行。

对于这个话题，我们至少需要意识到以下几点：

1. 美国是全球风险排污的始作俑者，原本作为结算、储备、投资货币的美元，因清洗国内有毒资产异化为融资、套利、投机货币。

此次风险周期发轫于美国的次贷危机，美国通过有毒资产货币化向全球排污，使美元成为重要的融资货币和套利货币，造成全球流动性泛滥，在全世界形成廉价的信用生态体系。在低廉的世界货币刺激下，全球进入信用扩张周期，形成了虚假的泡沫式繁荣。

基本机理是：美联储（Fed）通过 QE 清洗有毒资产——Fed 资产负债表扩大——联邦基准利率降到零——全球货币利差形成——美元债务化非美元资产化——套利货币在全球滋生蔓延……

布雷顿森林体系终结之后，虽然美元的黄金背书终结，但仍然建立了以迅猛增长的石油等大宗商品和国际贸易品结算为需求基础的世界货币体系。然而，随着美国次贷危机的爆发，美元的发行完全失去了实体经济和产业周期的支撑，以负债融资的货币呈现，世界货币在历史上第一次失去价值之锚，在作为主权货币行使货币政策与作为世界货币保持币值稳定的“新特里芬难题”下，美元的信用价值正在加速损耗，如果世界基础货币都异化为无风险套利货币，那么金融资本则表现为头寸化、热钱化和去产业化，于是全球金融市场由于缺乏“定海神针”而步入大动荡周期。

2. 就资产负债表周期来看，美国创造了负债，中国创造了资产；美国供给了基础货币，中国供给了广义货币。全球形成了围绕“美国负债—中国产能”为轴心的金融和投资加速器机制。美元周期的逆转，意味着信用敞口的消弭，融资美元将部分消失，而不是漂移。

美国次贷危机后，作为周期之母的房地产周期的陨落，造成了美国失去了明显的产能扩张空间，要打开新的产能周期为货币政策制造蓄水池，就必须在全球范围内寻找新的增长点，处于房地产周期中后端的中国当然成了不二人选。于是，自美国开启的量化宽松和零利率政策后，全球开启了明显的单边套利模式：负债美元化 + 资产人民币化 = 美元信用敞口 + 人民币产能投资 = 以美元信用周期助推的人民币产能周期。

由此，美国的超级货币扩张创造了一个人为的货币周期循环，美元创造信用敞口通过贸易融资等形式涌入中国央行的资产负债表，央行以外汇占款为背书供给基础货币，基础货币进入商业银行体系扩大授信空间，而监管政策与利率市场化相互强化，造就了庞大而又隐秘的影子银行体系，这一切都以城市公共项目建设（地方平台）和房地产为资产背书。

全球由此形成了围绕“美国负债—中国产能”为轴心的金融和投资加速器，并迅速带动了资源国的产出（澳大利亚、巴西、俄罗斯等国），由此“债务—产能”的链条扩展为“债务—产能—资源”，全世界都介入了此次风险排污和产能扩张的大运动之中。

当美元周期逆转（QE 消失 + 加息），以负债融资创造的美元，将会因信用敞口的消弭而消失，因此我们观察到有一大部分美元消失了。统计显示，我国 2015 年末外债余额减少近 2700 亿美元，意味着企业提前偿还或者到期不再续借而消弭信贷敞口。

3. 风险周期呈现三阶段特征：美国次贷危机—欧洲债务危机—新兴经济体货币危机。在超级债务周期下，风险无法完全出清，余震不断或者风险周期轮回，将成为当前世界的“新常态”。

美国次贷危机就像一次大地震，产生的震波从核心国（美国），向夹层国（欧洲）和新兴经济体（金砖六国）传导，导致了余震不断的系列危机。危机都在最脆弱的地带发生，美国的次贷、欧洲的债务，新兴经济体的货币，都存在较大的不稳定性。

美国的次贷在层层交叠的证券化和衍生品架构之下，需要不断上涨的房价来维持金融衍生品的存续。欧元区各国货币主权与债务主权的错配，以及不平衡的实体经济，必然会导致统一货币区信用的公共地悲剧与囚徒困境；而新兴经济体货币则完全维系于美元和产能同时扩张之上，一旦美元单边走弱的趋势改变，其货币必然在边际上面对“货币乘数 × 投资乘数”的双杀，汇率大跌也自然是不可避免的事情。

4. 各国的风险排污能力并不相同，取决于货币和产能的输出能力；在要素条件趋同的条件下，体制效率成为竞争力之源，率先施行自由汇率的国家，在对抗货币冲击中具有更强的体制耐力。

风险排污能力取决于两方面：一是货币的输出能力，能够在全世界征收货币税来为国内的有毒资产买单，从而将含有资产毒性的货币之水排到他国；二是产能的输出能力，能够在全世界为资本品和消费品挖掘和抢夺市场空间。

而货币战争是一个赢家通吃的游戏，排名第一的货币会获取绝大部分流量。作为世界货币的美元，享有结算、定价、储备、投资等各种货币职能的垄断权，因此货币输出能力最强，风险排污能力也最强，可以轻松地转移国内危机。

中国虽然是个产能大国，但产能输出能力正在逐步减弱，主要原因，第一，人口红利消失并正在转换为人口负债，劳动力成本低的优势正在降低；第二，资产泡沫抬升资本要素的成本，房地产和金融服务价格刚性羁绊着成本伸缩，压缩产业资本的利润率；第三，最重要的是，汇率软着陆存在较大的制度障碍，短时间内很难抵达内外经济体均衡水平。只要内外无法达到均衡，资本窜动和汇率波动就难以平息。

因此，在动荡的以交易和套利为主体的外汇市场上，自由浮动的汇率体制将会有明显的优势，可以通过“以价换量”的方式缓释吸收金融风险。而建构在经常账户下的固定汇率或者肮脏浮动的汇率制，则会付出较大的外汇储备和金融稳定成本。

5. 我们仍然对未来美元加息周期表示谨慎，美联储的顾虑导致传统的泰勒方程不断扩展，政治变量的纳入可能导致加息规则更加随机化，市场的学习能力和理性预期，会导致美联储失去自主能力。

美元加息不应该只考虑美国本土的货币紧缩承载能力，还要看到风险板结的情形下，全球金融市场对美元加息的耐受能力以及外部风险对美国本土的反噬。

因此，细究美国的货币政策规则，则发现在当前的非常规情形下，传统的泰勒方程已经不再适用，过去严格的通货膨胀目标制也被摈弃，英国脱欧和选举年的政治因素所占的权重越来越大，政治的考量更加束紧了货币政策的空间，决策也将更加随机化（线性泰勒方程可能只适用经典情形）。

美元加息成为资产定价最主要的风险元素，大部分交易都在围绕美联储与市场之间的预期差寻找套利机会。政策与市场之间的博弈正在演化，学习、纠错和校准推动预期从适应性预期向理性预期转变，这意味着美联储细微的信息都会被市场在边际上定价，也同样意味着任何超出市场预期的信息会在市场中产生更大的扰动，导致风险交易关闭在全球金融市场蔓延。

由此得到的结论是，美联储将不得不最终顺从市场的走向，终极的情形是美联储在理性预期和有效的风险定价约束下毫无作为。这是经典理性预期理论早就得出的结论。

6. 资产荒是全球性问题，负利率不过是资产荒下的货币异象，也是风险排污的终极手段。

投资周期快速塌缩，但债务周期被货币周期人为顶住，这势必会带来资产—负债、产能—货币的扭曲和背离。一方面，资产约束是硬的，资产收益率（ROA）无法人为赝造，全球实际上从21世纪初就步入一个萎靡的需求周期。另一方面，负债可以是软的，至少现金流、重组和国家救助都可以保持债务的存续。从这个背离上来说，美联储可以发行货币购买有毒资产，但无法制造一个长久的需求周期。

另一个景象是产能—货币的背离，源自于为清洗有毒资产和抵御杠杆去化而产生的货币之水，与需求塌缩产生的过剩产能以及新兴周期下资产的轻杠杆特征产生的背离。基于互联网科技的新周期本质上是一个服务业周期，并不需要太多的负债和信用，更需要基于资本市场的风险偏好和投融资，这也将导致可以为信用和货币背书的重型资产的缺失。

在这种情形下，资本品的通缩将快于消费品的通缩，通缩自然会产生名义利率为负的货币异象（实际利率即扣除通缩后的利率仍然为正）。

货币的祸害

——美元盛宴的终结与货币格局重构

◆ 金融家们面对几乎无成本的美元，自然不会放过这个免费的盛宴，利用期限间、市场间、区域间等套利机会，大肆进行交易套利，掀起一阵阵金融狂欢，将资本资产套利模型发挥到极致。

◆ 当前全球的金融资产交易，正面临着与四十年前全球贸易领域“特里芬难题”相类似的难题，那就是——不断膨胀的金融资产泡沫与有限的美元货币供给之间的矛盾正在加剧。

美元零利率下的资本资产定价模型

背景：2015 年下半年以来，美联储启动加息时间表，这将对整个大类资产的价格产生颠覆式影响。本文分析了次贷危机以来美国量化宽松和实际零利率环境下，各种资本资产套利模式和各个金融物种发生的变异，以便为以后加息环境下的变化作出对照。

在美国乃至全球历史上，还从没有哪个历史阶段享受过时间如此久的货币免费“盛宴”，按照全球最大的对冲基金——桥水基金 CEO 达里奥的宏观分析框架，当名义利率低于资本收益率的时候，信用和杠杆会出现无限扩张的冲动，债务周期进入膨胀阶段。

在量化宽松期间，金融家们面对几乎无成本的短期资金，自然不会放过这个免费的盛宴，利用期限间、市场间、区域间等套利机会，大肆进行交易套利，掀起一阵阵金融狂欢，将资本资产套利模型发挥到极致，我们简要介绍以下几种：

1. 期限间套利。即债券回购市场上的久期错配，利用美联储短期基准利率近似为零，长期利率大于零的陡峭收益率曲线，借短养长赚取期限利差。数据表明，自美国启动量化宽松政策以来，通过卖出回购和买入返售等交易模式，债券回购市场快速膨胀，同时也出现了以债券抵押、转抵押的影子信用创造模式，将货币链、信用链和杠杆链拉长，在美联储 OT 压期限利差的情况下放大规模，继续赚取丰厚利润。

2. 信用间套利。由于美联储的短期零利率与国债、企业债的长期正利率之间的无限套利机会，与债券的有限供给之间存在较大的矛盾，再加上连续四轮量化宽松都是美元收购 MBS 和国债等抵押资产，导致回购市场上的债券不断涌入美联储资产负债表，而美国财政部在财政赤字约束下无法提供与回购市场相匹配的国债量，导致了回购市场资金供应过多但抵押资产不足的窘迫局面，这使得原来受到投资者抛弃的垃圾债也颇受青睐。因为有美联储零利率资金和量化宽松政策托底，垃圾债券也开始大行其道，投资者可以放大杠杆赚取信用利差的利润（通过回购市场的资金投资垃圾债）。数据表明自美国 QE 尤其是 QE2 以来，信用利差处于收窄趋势，说明垃圾债成为备受投资者青睐的投资工具。

3. 股债间套利。同样是因为零利率，造成了股债之间的套利空间。同货币市场资金成本相比，股权融资的成本相对较高，美国上市公司开始抓住这个套利机会进行股债融资套利，主要的做法是通过发债获取低息资金进行股票回购，股票回购提高股价和市盈率（股份减少，每股收益增加），再用股权质押从货币市场贷款、发债或其他方式获取低利率资金，然后再用这些资金进行所谓的“市值管理”，从而保持现金流量表充沛和资产负债表优化（市值上升）。这种连续的股债套利活动，导致的结果是美国股票市场飞涨，道琼斯和纳斯达克等指数创历史新高。

4. 金融—产业资本间套利。美国大型企业集团，在零利率和量化宽松期间，充分借助成本低廉 + 全球货币的优势，建立美元杠杆并购基金，在全球收购性价比较高的产业资本。这实际上是利用了低成本金融资本与高收益产业资本之间的套利空间（托宾 Q>1），形成了美国金融资本对全球优质产业资本的收购。有关数据统计，次贷危机以来，以美国为主的大型企业集团进行的并购交易连年上升，至 2014 年全球并购交易总额达到 3.34 万亿美元。

5. 货币间套利。美元作为世界货币，除了在美国国内存在，在全球还以“欧洲美元”的形式四处漂流（数额远大于国内美元），行使贸易货币（如石油美元）、投资货币（如 FDI、QFII）和投机货币（Carry Trade 和衍生品市场）等职能。

由于全球货币政策并没有保持一致，在美国量化宽松的期间，其他国家并没有保持同步宽松，这就产生了国家间汇差和利差的出现，为投机货币尤其是对冲基金套利创造机会。对冲基金以高频交易和做空为主要模式，抓住量化宽松期间国别间货币政策错配和新兴国家金融体制失衡造成的套利机会，在单边趋势下（单边升值和贬值）进行多空转换，赚取高额收益。

当然，除了这几种模式还有其他的手段和方式，在实体经济复苏不明、产业资本投资风险较大的情况下，美联储前所未有的零利率资金供给，必定会带来各种交易型金融的大膨胀，这是在极低利率资金上开出的“罂粟之花”。现在的问题是，金融市场已经习惯了美联储“央妈”零利率的政策溺爱，当美元加息开始“断奶”，建立在零利率基准上的资本资产套利模型也将面临一次重大的调整。

首先，回购市场因短期利率上升而导致期限利差收窄，长久期资产因利率上升会遭到致命性打击。如果杠杆率过高，转抵押链条过长，抵押资产的价值就会成倍波动（长久期国债对利率极其敏感），那么即使几个 bp 的利率波动也足以导致杠杆及其成本的大幅上升，这会对货币市场造成极大的冲击。但考虑到在美元加息和全球风险动荡的大背景下，美债的避险功能也相应提高，加上美联储对国债市场的稳定，很大一部分会对冲资金成本上升的冲击。

其次，由于对流动性的悲观预期，由低成本资金支撑起来的庞式交易将难维系，垃圾债的风险迅速被意识到并被抛弃，在市场上的表现就是债券收益率飙升，信用利差如实反映风险溢价。而发债买股之间的跨市场套利，也因零利率的终结变得利润微薄，高昂的股价泡沫也因此变得脆弱。数据表明，随着加息临近，自 2014 年以来高收益债正在被大量抛售，大宗商品持续暴跌，美国股市的脆弱性也开始显现，这意味着在美元加息的预期通道里，旧有的套利模型正难以维系。

而货币套利模型将显得相对复杂，因为牵涉到全球市场和多元货币的问题。我们将世界货币体系简单划分为国内美元、欧洲美元（离岸美元）、工业货币（欧元、日元、英镑）、产能货币（中国等亚太国家）、资源货币（卢布、亚雷尔、比索、澳元等）。美元加息产生的货币冲击波，将对不同层级货币产生冲击。我们认为受冲击的程度从内向外不断加重，其中资源货币受到的冲击最大，其次为产能货币，而发达工业货币受到的冲击则较浅。

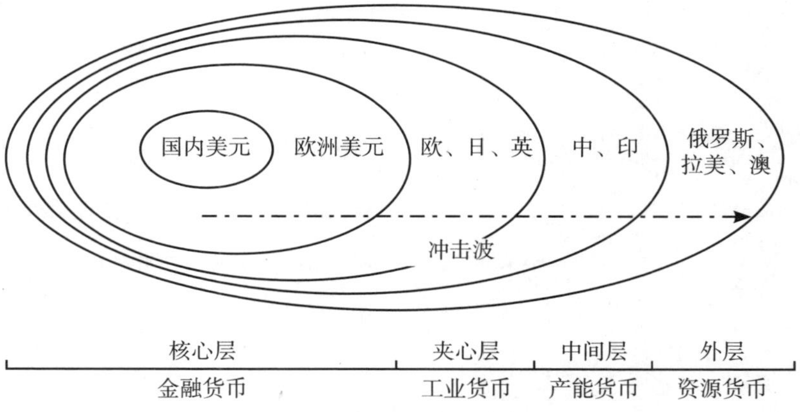

美元加息的冲击波由内向外逐渐加重

资源性货币受到冲击较大的原因是，美元加息带来的货币紧缩和中国经济下滑带来的产能紧缩叠加在一起，导致大宗商品价格持续下跌；中国等劳动密集型国家因为有前期的外汇储备作为对冲，本币汇率的可控性较高，但为了减少外储损失及提高出口竞争力，也不得不且战且退逐渐贬值。欧洲和日本继续量化宽松，日元贬值压力较大，但欧洲经济当前处于欧债危机后的平稳期，欧元的阶段性避险功能提升，因此欧元的币值当前相对稳定。

所有的这一切都在预示着一个盛宴的终结。当金融资产习惯了零利率的“纸醉金迷”，面对新的全球货币周期，大类资产如何重新定价和再配置，将成为摆在投资者和政策层面前的一个重大课题。而毫无疑问的是，这一过程必定伴随着巨大的金融波动，以及对美国次贷危机以来史诗般宽松政策的再检验。

美元的新特里芬难题

背景：2015 年下半年美国宣称启动加息进程以来，全球大类资产进入高频大幅波动区间。尤其是中国股票市场和汇率市场，出现了较大幅度的波动。那么美元加息和全球金融资产波动的逻辑框架和传导机理是什么？本人借鉴国际商品贸易的“特里芬难题”理论，提出了金融市场的“特里芬难题”。

美元加息已经成为当前全球经济金融的“风暴眼”，以此为核心点，线上联结汇率和利率，面上交织股市、债市和大宗商品等大类资产，内化成一个类似蛛网一样的点、线、面波动系统。2015 年，我们见证了加息预期而非加息本身对这个系统形成的共振，冲击波沿着“资本密集型货币（美、欧、日）——劳动密集型货币（中、印）——资源密集型货币（俄、巴、澳）”这一货币链冲击并不断加重，新兴国家尤其是那些外汇储备欠缺且外部融资能力差的国家，正处在货币危机的边缘（巴西和俄罗斯刚被下调评级），而发达国家甚至包括美国本身，似乎也无法像以前那样独善其身。数据显示，2015 年美国的股市下跌也是历史罕见，资本流失也较为严重。

这似乎正在上演一场前所未有的、真正的全球化“风险污染”难题（类似环境污染问题）：资源密集型国家资产不用多说，前所未有的大宗商品熊市已经让这些国家的生产函数处于盈亏平衡点的刀刃上（石油、铁矿石、黄金等均已经接近或跌破成本）；劳动密集型国家中，中国由于过去人口红利在投资支出上的过度透支，形成的过剩产能仍然无法有效出清，但本意在保持内外部平衡的股票池和外汇池则面临“干涸”的危险，而刘易斯拐点的出现导致劳动密集型的低成本优势快速衰减；印度虽然出现人口红利，但支撑规模化、社会化大生产的基础设施和社会动员机制仍然不足；日本量化宽松虎头蛇尾，徘徊在0左右的通胀率已经显示摆脱紧缩仍然是一个“遥不可及的梦”；欧元区虽然暂时稳定，但希腊的隐患仍然存在，发展不平衡及财政和货币之间的冲突并没有缓解，如今法国经济又显疲态，德国经济仍是中流砥柱，但欧元区宽松形成的泡沫隐患也在内部集聚（德意志银行在次贷危机后收集和持有的天量衍生品头寸广受诟病）；美国作为世界基础货币的输出国，虽然可以在全球范围内征收铸币税并输出通胀，但却很难完全输出泡沫，华尔街享受着这一场由量化宽松和零利率带来的免费盛宴，将传统的资本资产套利模型用到了极致，用货币市场的廉价资金跨期、跨市、跨国套利，同时将美国自身的风险资产泡沫一次又一次推上历史新高。所以我们面临的窘境是，一场暴风雨已经来临，但纵览全球竟无稳定、称职的避险资产。

这种前所未有的全球性风险景观并没有历史经验可供参考。然而解铃还须系铃人，当我们将目光投射到以美元为基础货币的国际货币体系，竟然发现当前全球的金融资产交易，正面临着与四十年前全球贸易领域“特里芬难题”相类似的难题，那就是——不断膨胀的金融资产泡沫与有限的美元货币供给之间的矛盾正在加剧，全球天量的金融资产及衍生品交易、场内资产及场外影子资产的交易，都需要直接或间接的以美元进行定价结算，但美元虽然脱离布雷顿森林体系的黄金硬约束，但是仍然受到美国国家信用的软约束（这一软约束的硬性体现就是通货膨胀，这上升到美国政治层面），因此美元的供给是不可能无限大的。四十年前，全球贸易额的快速扩大与黄金挂钩下的美元供给不足之间的矛盾，导致布雷顿森林体系的崩溃。如今，新的难题来了：全球金融资产泡沫的快速扩大与国家信用约束下的美元供给不足之间也存在着极大的矛盾，而这一矛盾的后果正在显现，那就是全球金融资产泡沫与美元的紧缩预期之间的冲突，而前者正处于崩溃的边缘。我们的问题是，旧的特里芬难题导致美元与黄金脱钩，那么美元的“新特里芬难题”将导致全球货币体系转向何方？回归实用主义，这种类比带给我们的启示是，在美国通胀没有达到目标通胀率之前，我们可能看到美元政策对金融风险的又一轮屈服，而这对我们的大类资产配置至关重要。

第二章

中国经济：
新旧动力切换下的“周期三峡”

无论是官方语境的“三期叠加”新常态，权威人士的“L型经济”，还是经济学家的“末日情结”，宏观学者的“周期探底”，似乎都无法描述当前中国经济面临的复杂局势。一方面，经济增速不断动态探底，宏观杠杆率却徘徊在历史顶部；另一方面，一线城市的房价超预期上涨，人民币汇率贬值压力却不断增大，利率也在不断刷新着底部，收益率曲线开始收获“牛平”的称号，但已经呈现出“牛尽熊来”的预兆，影子银行和银行影子在影影绰绰中考验着监管的底线……

因此，我们正有幸见证着长、中、短三个周期——人口和技术长周期、产能和债务中周期、资金和库存短周期拐点——叠加引致的骇涛巨浪，这可能是年轻的共和国自诞生以来，面临着的最复杂严峻的经济形势！这是中国经济的“成人礼”，是中国经济的“三峡河段”。

本章分为三部分：第一部分“下行与脉冲——动力衰减的L型经济与周期重构”，解释了中国经济快速调整的动力机理、经济增长的趋势和通货膨胀的走势；第二部分“背离与困境——周期变频、货币过剩与资产短缺”，实际上是一个中国之谜反思系列，分别反思了资金与资产、货币与资本、增长率与周期、社融与M2之间的背离局势；第三部分“发酵与异化——泡在水里的债务与人民币‘暗物质’”，则直面中国的宏观风险和人民币背后的“主权损益”问题，并以实体经济为基础反思金融异化问题。

下行与脉冲

——动力衰减的 L 型经济与周期重构

◆ 新时代是中华民族历史上的一次“人本主义复兴”。

◆ 中国金融领域存在的主要矛盾，可以概括为人们不断增长的多元化、个性化的优质金融服务需求与金融深化程度不够、金融结构优化不足之间的矛盾。

◆ 在微观层面形成的“高经营杠杆 × 高财务杠杆”的双杠杆结构，在宏观上合成了一个比金融加速器更加有力的增长和波动引擎。这个双杠杆结构在工业化初期快速提高经济增速的同时，也放大了经济的波动和不稳定性。

◆ 经济增长中枢快速下移，传统增长引擎面临巨大挑战，传统模式下建立的资源动员机制正面临重构；宏观的衰弱正在传递到微观层面，传统产能过剩行业的调整可能刚刚开始。

新时代大类资产配置的基本逻辑

即使从经济学视角，也应该超越传统周期理论，来理解新时代的内涵和外延。新时代的经济学含义，既不是新经济也不是新周期，更不是所谓的新常态 2.0。其内涵的丰富性至少应该反映中国社会经济发展到一定阶段，各种力量和矛盾交织而成的深刻的经济和金融环境变化。在这种环境变化中，大类资产配置应该遵循不同的逻辑，财富管理也应该有不一样的思路。

一、新时代经济的人本主义重构

从经济基础和上层建筑的二维分析结构来看，新时代标志着全社会着力的中心点正在发生重大迁移。改革开放四十年以来，工作中心里程碑式地首次从单一经济建设转向经济建设与上层建筑并重（五位一体）。这个变化决定了新时代整个社会经济文化环境的基本走向。

过去四十年，中国社会的主要矛盾决定了党和国家的工作中心以经济建设为中心。四十年，恰好差不多是一个工业化周期，也恰好差不多是一次传统的康德拉季耶夫周期。这意味着当前中国经济增长动力中，全要素生产率产生的动能正在减弱，劳动、资本等要素的投入产出效率衰减。要提升要素投入的产出效率，就需要从社会体制和结构层面进行深化改革。从这个意义上来说新时代是一个需要解构并重构的时代，这个时代的特征在经济层面主要表现在：

一是经济增长模式“以人为本”。过去主要追求的是GDP，表现为宏大的工业化和城市化建设进程，往往容易忽略GDP背后的微观个体。新时代不再是单纯的宏观上的新时代，而是更加充分关注个体在经济增长过程中是否分享红利、是否拥有获得感的新时代。

二是金融发展模式“回归本源”。在金融市场化快速推进过程中，金融创新领域出现了一些远离实体经济、在金融体系内空转损耗的问题，在某些行业也出现“劣币驱逐良币”的异化现象。更严重的是，金融资本在全球货币宽松的大环境中，自组织、自生长的能力日渐强大，逐步成为凌驾于产业资本的独立力量，甚至还通过资本运作试图干扰产业资本。新时代下金融资本的定位应是“回归本源，服务实体经济”，脱离本源的金融活动将受到抑制和限制。

三是上层建筑领域“反客为主”。新时代的主要矛盾从经济领域转移到社会、文化、法律等上层建筑领域。如同马云所言，未来最需要的人才是能够解决社会问题的人。然而，上层建筑问题的解决仍然需要经济和金融的发展，只不过是发展的目的不再是经济本身，而是为解决社会、文化等问题提供经济手段。

总之，新时代的经济金融将步入彻底的解构主义阶段。目的和工具的角色，需要进行彻底的重构。经济建设和金融发展都不再是目的，而是服务于社会文明进步和构建美好生活的手段和路径。经济发展的根本目的是为了人们的美好生活，金融发展的根本目的是为了实体经济的稳健发展。从这个意义上来说，新时代是中华民族历史上的一次“人本主义复兴”。

二、新时代投资需要新价值理念

新时代当然不能简单地等同于传统意义上的经济长波，但从时间维度上来说的确需要从一个更长的跨度来审视和理解。根据党的十九大的两步走战略目标，在时间上至少需要另一个四十年或者半个世纪。在这个去伪存真、返璞归真的经济金融环境中，以投机和赌博为心态的投资者将生存艰难，而能够认清社会文明发展趋势，洞察社会主要矛盾走向的价值投资者，将能充分分享新时代经济社会发展的成果。

新时代的价值投资需要树立新价值主义理念。新价值主义首要的含义是价值投资理念，“新”字则表明跟传统的价值投资又有不同的地方，需要从三个方面来认知：

一是重构商业价值理念。新价值主义理念下，商业价值的创造不再是简单的、粗放式的财务回报能力，而是一种集约化、可持续、透明规范的价值创造模式。同时，既然新时代标志着人本主义的回归，那么相应的投资和财富配置也应该具有更多的人本主义内涵和情结。过去我们习惯了高收益率、高成长性、高速度的“三高回报”，但是未来这样单纯的商业价值模式可能行将就木，未来的商业价值创造模式一定是更加注重质量和效益，更加注重公平和人文，更加尊重消费者和客户体验的商业模式。这样的模式才能适应人本主义解构下的时代新环境。

二是强化社会价值理念。以经济建设为中心的时期，人们对于社会价值的认识不够充分，内生的主动创造社会价值的理念和实践活动也不足。而且，大多时候商业价值和社会价值通常被认作割裂和替代关系，认为增加社会价值的创造会损耗商业价值。但是随着经济发展到一定程度，经济发展问题与社会治理问题交融在一起，社会价值和商业价值的创造也开始捆绑在一起。因而社会价值的创造开始与商业价值的创造实现了内在的有机统一。比如，绿色经济和普惠金融，只有环境污染得到有效治理了，金融实现了普惠性、包容性发展，才能够为长期的价值投资创造一个良好的自然和社会环境。更为重要的是，能够实现社会价值的投资活动，往往会得到政策和社会的认可和支持，这也为投资和财富配置提供了“安全边际”。

三是深化文化价值理念。工业化和城镇化时代下的投资和财富标的，主要集中于制造业和房地产业，所配置的金融资产也主要反映在制造业蓝筹股权和核心城市房产上。但是在工业化后期和后城镇化阶段，重物质资产行业的投资可能正在失去魅力，继而为满足消费升级和精神、心灵消费需求的文化创意活动，可能成为新的价值投资配置的重点。当然，由于文化创意产品的消费和现金流模式相对复杂多变，投资和风险管理的技术手段需要创新。但把握和认识到文化创意产品在未来的广阔发展前景，是新时代价值投资需要树立的一个重要理念。

三、构建驱动社会文明进步新动能的多头组合

价值投资是穿越波动和周期的投资，表达的主要是时间上的定力；新价值投资理念则在进一步拉长时间的同时，从空间上也增强了资产配置的深度和广度。因而，新时代的财富管理应该把握和顺应时代脉搏，围绕新时代国家和社会发展主题，围绕人本主义理念下微观个体的美好生活，构建具有更大时空格局的大类资产配置框架。而在具体的技术层面，主要的任务是集合各类金融产品，构建驱动社会文明进步新动能的多头组合。

为实现美好生活，支持解决社会经济发展不平衡、不充分问题的主题投资，将是新时代大类资产配置的逻辑内核。当前中国经济的问题已经不再是总量问题、速度问题，而是结构问题、质量问题。比如食品安全和品

质问题，简单低阶消费向内涵式高阶消费升级的问题，高端服务业的普及以及制造业服务化改造等问题。再比如产业结构不平衡的问题，传统工业化高消耗模式的路径依赖严重，普遍存在产能过剩难题，而与此同时高端装备制造和一些战略新兴产业的占比却依然较低。地区间发展也不平衡，东部已经步入后工业化阶段，但中西部的工业化却处于中后期。另外，居民收入差距较大，人们享受经济发展果实的多寡不一。通过深入考察新时代社会主要矛盾的具体表现，可以构建出围绕实现美好生活，解决发展不充分、不平衡问题的投资组合。比如以食品安全、深度消费和产业升级等主题为主的股权、债权以及混合类品种，承接西部开发、“一带一路”和新型工业化等国家主题的战略性投资等。除此之外，能够缩小和改善居民收入差距的服务业升级、大众理财和小额信贷，也都是值得配置的领域。

房地产是争议较大的大类。传统的为了获取房地产价格上涨红利的住房投资，虽然在短期内依然可能具有可观的商业价值，但由于无法承载社会文明的进步，已经失去了长期配置的价值。那么房地产投资在新时代就不可取了吗？绝非如此。我们注意到党中央一再强调“房子是用来住的，不是用来炒的”，那么能够实现居住消费的房地产将是未来的优质资产，因为其不但满足了市场居住的需求，而且还承担了很大一部分社会功能。因此，以居住租住为主要目的的房地产投资（长期持有而非价格上涨后就及时套现），以及基于住房居住租住基础上产生现金流的金融产品，比如房地产信托基金，房屋租赁专项融资及证券化产品等，都可以成为该主题下的配置产品。当然，对于以此为主要理念，且引领住房消费升级的优质房产以及房地产企业的股票，也是值得配置的资产品种。

底层构架于推动新旧动能转换，实现产业升级和技术进步的标的，是新时代最具有成长性和想象空间的资产组合。做空旧经济旧产能，做多新经济新技术，已经成为投资界的共识。然而能够“老树开新花”的国企蓝筹，既有已有的市场份额和垄断地位，又能集中力量推动高精尖技术改造，在全球价值链中提升战略地位，无疑比不确定性较强的概念性创新具有更稳妥的财务价值。而为实现美丽中国，留得住青山绿水的投资标的或以此为基础的衍生资产，是顺应新时代脉搏的另一个战略型配置。过去为了解决以物质文化基本需求为主的旧矛盾，中国经济保持了快速的增长，但与此同时也付出了沉重的环境污染代价。以环保治理、循环经济、再生能源等为主的绿色产业链，将无可置疑地成为未来价值投资的重点。

最后需要注意的是，充满希望和梦想的领域，往往也是泡沫易于积聚的地方。无论是新时代和旧时代，流动性和市场风险的管理是个永恒的话题。新时代价值投资者的使命，不仅仅是寻找投资的价值洼地，更需要建立有效的风险管理体系以对冲“黑天鹅”和“灰犀牛”。但无论怎样，资产配置的新时代已经打开，未来属于拥有梦想但心存敬畏的投资者。

美好生活的“金融注脚”

习近平总书记在党的十九大报告中作出了一个历史性判断：我国社会主要矛盾已经转化为人民日益增长的美好生活需要和不平衡不充分的发展之间的矛盾。这意味着人们从过去基本的物质文化生活需求，升级为更高品质的物质需求和更高阶的精神文化需求。但与此形成对比的是，当前为人民大众创造美好生活的生产力还相对落后。中国金融业应该直面当前社会的主要矛盾，坚持服务实体经济的初心，提供面向美好生活的“美好金融”。

一、美好生活的新时代含义

社会文明的进步，从宏观层面上表现为经济产出的增长、社会结构的优化、政治体系的稳定等，从微观层面上则表现为个人效用的提高和物质及精神需求的满足。对于个人需求，经典的解释框架为马斯洛需求理论，当一个人的低阶需求满足后，会自然而然地向高阶需求跃迁。当这种需求升级与现实的供给水平产生缺口的时候，就会构成社会的主要矛盾。而供需缺口和矛盾冲突，恰恰是推动社会进步的原始动力。

过去四十年，中国社会的主要矛盾和供需缺口主要集中在经济和物质层面，是人民日益增长的物质文化需要与落后的社会生产力之间的矛盾。当这一矛盾得到较大程度的缓和之后，新的矛盾自然而然就会产生。人们从对温饱生活的希冀，升级为对美好生活的向往。那什么是美好生活？其内涵和外延都包括了什么？只有对美好生活的概念有全面和深入的理解，才能把握好中国社会经济未来的走向。

笔者认为，“美好生活”至少包含了以下几层含义：

第一，物质消费的品质要求上升。不再是简单的以数量为主的消费需求，而是更加关注消费品的安全、质量与品位，并且有更高的品牌、体验和场景感要求，物质产品消费的背后需要更深的符号和文化意义。

第二，文化消费的品位要求上升。从过去注重流行、通俗、大众化的文化消费，向更高品位的消费水平升级。更多的闲暇使人们的休闲娱乐活动走向纵深体验，音乐会、剧场演艺、画展、艺术品鉴赏、体验式运动等具有审美深度的文化消费形式正在推广和普及。

第三，社会关系的身份诉求上升。越来越注重社会存在感，越来越关注公共事务，越来越积极参与到社区、单位和公共机构的治理中，越来越关注自身社会权益的维护。过去主要关注效率和经济利益，现在对公平、正义和程序合法性的要求越来越高。

然而，与上述需求升级形成对比的是，在供给水平方面，无论是物质消费的品质感，还是精神文化消费的多元化和精致化，以及社会价值的构建和塑造，提升的速度都相对滞后。这一矛盾成为决定未来十几年社会经济走向的主要动力。

二、当前中国金融体系的主要矛盾

与社会经济总体走势相对应，中国的金融发展走向也受到主要矛盾的驱使。如果说过去社会的主要矛盾是人们不断增长的物质文化需求与落后的社会生产力之间的矛盾，那么这一时期中国金融发展的主要矛盾也是人们不断增长的金融需求与相对落后的金融供给之间的矛盾。随着近二十年来中国金融体系的不断发展和深化，基本的金融需求已经满足，但是面向人们不断增长的美好生活需求，中国的金融发展也存在发展不平衡、不充分的问题。

中国金融领域存在的主要矛盾，可以概括为人们不断增长的多元化、个性化的优质金融服务需求与金融深化程度不够、金融结构优化不足之间的矛盾。具体来说体现在以下四个方面：

首先是金融资产规模快速增长与金融资产质量逐渐下降之间的矛盾。近二十年以来，中国的金融资产总规模（表内 + 表外）以两位数的复合增长率增长，当前商业银行的总资产已经超过 240 万亿元，非银金融机构管理的资产也超过 100 万亿元。但在资产规模快速扩张的同时，资产质量却在下降，这种背离将会逐渐制约金融机构服务人们美好生活的能力。

其次是金融服务需求的多元化与金融结构单一之间的矛盾。随着可支配收入的逐年提高并迅速积累，中国已经从收入流量时代步入财富存量时代，居民对金融资产配置和投资组合管理的需求越来越高，金融服务越来越多元。对于企业来说，由于杠杆率已经增长到一定程度，单一的债务融资需求受到抑制，特别需要一套基于稳定杠杆率和管理资产负债表的综合金融服务方案。但是当前我国的金融结构依然以商业银行和间接融资为主，资本市场和投资银行的服务能力相对不足，这就形成了金融服务缺口和供需结构性矛盾。

第三是金融服务需求的普遍化与金融资源过度集中之间的矛盾。经济的快速增长与产业链的广泛延伸，带来了普遍的金融服务需求。尤其是经济增长过程中兴起的中小企业，对 GDP 和就业的贡献较大，但是却很难享受到金融发展带来的成果。与此同时，大量的信贷资源和资本市场融资机会却过度集中在国有大型企业和龙头企业，这些企业享受了量和价两方面的优惠，并闲置了大量的金融资源。甚至有些国有企业利用国家背书的信用优势，廉价获得银行资金后直接购买银行理财产品或者转手借给其他企业，赚取利差收入，对中小企业的金融服务形成挤出，造成金融空转和脱实向虚。这个矛盾也是中国金融发展过程中亟待解决的难题。

第四是金融发展速度与经济环境承载能力之间的矛盾。当前在局部领域，金融扩张的速度呈现过快的势头，比如影子银行的野蛮生长。经济决定金融，金融的扩张速度需要实体经济的承载和支撑。如果金融增长速度过快，呈现出过度金融化的趋势，那么就会产生系统性风险的隐患。这也构成了当前金融发展过程中的主要矛盾。

三、面向“美好生活”的金融服务

上述金融发展中的主要矛盾，决定了新时代中国金融发展的总体趋势。中国金融体系主要矛盾的缓释过程，实际上就是为实现美好生活提供支撑的金融深化过程。面向美好生活的金融服务至少包括三方面：

一是面向新经济、新产业的金融服务。从美好生活的概念中我们已经看到，要实现美好生活必须进行产业升级，为人们提供更加优质的产品和服务。生活升级需要产业升级，实际上就是新经济、新产业蓬勃发展的过程。这些新经济、新产业的发展，迫切需要金融的支持，尤其需要创新型金融服务方案，需要各个金融品类通过金融科技整合在一起，形成新型的金融服务业态。

二是更加品质化、人性化的金融服务。实际上，美好生活本身也包含着美好的金融生活，即人们在金融消费过程中获得更有品质的服务和体验。这需要金融机构对金融消费者的个体尊重，金融消费场景的技术优化，以及金融服务效率的提升等，为人们提供更加品质化和人性化的金融服务。

三是更加普惠化、社会化的金融服务。美好生活不是一部分人的美好生活，需要让最大多数人享受到经济发展带来的成果。这就需要金融机构承担起社会责任，支持小微企业、低收入人群、农民和进城务工人员、贫困和残疾人口等群体提高收入。大力发展普惠金融，形成社会效益和商业效益的统一，通过金融手段帮助更多的人实现对美好生活的向往。

理解中国L型经济：双杠杆结构与加速器原理

在解析中国经济的周期波动和系统风险时，人们往往只注意到了高债务杠杆的事实，却忽略了中国经济还有一个高企的杠杆——经营杠杆。事实上，在微观层面形成的“高经营杠杆 × 高财务杠杆”的双杠杆结构，在宏观上合成了一个比金融加速器更加有力的增长和波动引擎。这个双杠杆结构在工业化初期快速提高经济增速的同时，也放大了经济的波动和不稳定性。尤其是，随着中国经济步入工业化后期，在资本边际产出递减到某个临界值的阶段，根据杠杆原理此时的杠杆系数会陡然增大。这可以较好地解释中国经济所呈现出来的L型台阶式、换挡式下滑的形态，以及在下滑过程中被压缩的异常短促的周期波动。

一、双杠杆结构的加速原理

根据公司财务理论，经营杠杆和财务杠杆，是由于固定成本的存在（前者是经营固定成本而后者是财务固定成本），造成的息税前利润之于销售收入和每股净收益之于息税前利润的弹性，两者都有严格的计算公式及其拓展分析工具。一般来说，资本密集加之债务率高的企业，具有明显的双杠杆特征。

在这两个杠杆的关系上，经营杠杆并不必然导致财务杠杆，因为内源性融资仍然可以有效扩大经营杠杆。但是如果想要快速扩大再生产，通过经营杠杆优势获取上行周期和产业初期的市场竞争优势，就必须依靠财务杠杆的扩张。这个时候，约束条件松弛下的双杠杆结构变成一个快速膨胀的正反馈系统：经营杠杆形成的财务优势（息税前利润）和高比例抵押资产，会快速提升拉长财务杠杆的能力，而财务杠杆所形成的融资支持以及对每股收益的正向支撑，又会进一步支撑企业做大经营杠杆的能力（为了扩大生产再融资），尤其是对于在资本市场上市的企业。

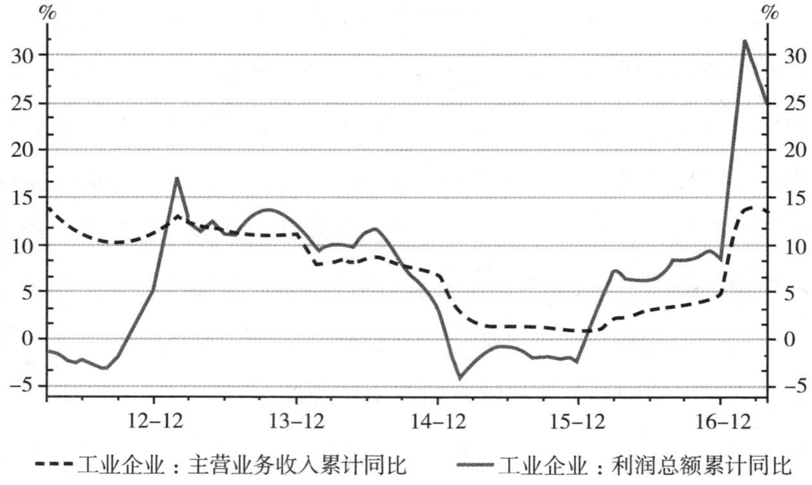

数据来源：Wind 资讯

高经营杠杆的表现：利润波动高于营收波动

财务杠杆的加速原理，加总到宏观经济学上可以与金融加速器原理近似对应（当然，公司财务理论的财务杠杆和宏观经济学的债务杠杆在具体定义上是不同的，但基本原理相似），被许多学者引用作为解释经济增长和波动的理论指引。根据该理论，由于财务杠杆及金融中介的存在，企业可以通过债务和其他固定付息类融资手段，充分利用未来和社会的金融资源（公司金融理论的财务杠杆是为了获取固定资本成本对每股净收益的好处），在引起经济高速增长和扩张的同时，也会引发产能投资过剩和库存积压过重等问题。与此同时在企业微观财务层面，财务杠杆引发了息税前利润对每股净收益的放大，这将影响企业的市值以及再融资能力，加总到宏观层面就会引发一场金融周期。

经营杠杆的加速原理，可以近似看作是企业为了追逐规模经济效应而进行的固定资产扩张。虽然企业的固定成本并不仅限于资产折旧，但这是构成经营杠杆的主要因素（而且较高的固定资产占比往往也意味着较高的其他管理费用和营运成本），因此通常观察到重资产行业都具有较高的经营杠杆。当企业的经营杠杆高企时，需求的些微变化将通过销售收入向息税前利润的变化放大传递。这将导致即使一个微小的需求冲击，也会带来高经营杠杆企业息税前利润的巨大波动，从而会改变企业的现金流状况以及未来的产出和投资预期，企业可能因此而进一步扩大或收缩产能和库存，加总到宏观层面将会引发产能和库存周期。

可以看到，双杠杆结构放大了经济波动，下页图简要描述了双杠杆加速器原理的冲击传导过程。在图中我们需要注意的一个现象是，一旦经营—财务双杠杆动力形成内部勾连，那么就会产生正反馈相互强化效应。一方面经营杠杆会通过提高抵押等信用能力强化财务杠杆能力，另一方面财务杠杆为经营杠杆的迅速增大提供财务保障。这样，一个正向（负向）的需求冲击经过双杠杆系统的放大，在末端宏观加总后会放大产能、库存和金融周期波动。

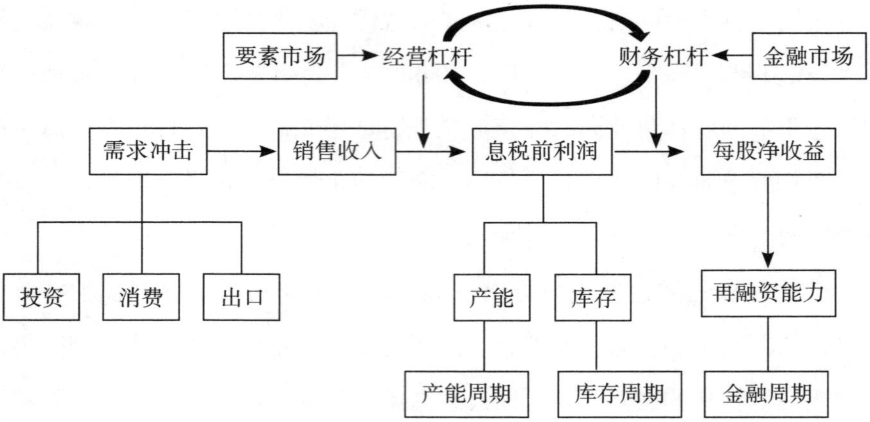

经营—财务双杠杆结构的周期波动传导机理

二、中国双杠杆结构的形成动因

中国经济所处的发展阶段和所选择的发展路径，决定了注定是一个经营杠杆和财务杠杆双高的经济体。

首先，快速的工业化进程伴随的是高度的资本积累和重资产行业的形成，也是一个经营杠杆快速扩大的过程。经营杠杆的扩大可以较快地获取规模经济的好处，这对发展初期的企业和产业集群至关重要。资本积累的扩大对于企业来说就是经营杠杆的扩大，无论是资产折旧还是其他固定管理费用和研发费用，都会伴着资本积累的扩大或者资本有机构成的提高而改变成本结构。这通过强化息税前利润对总销售量的弹性，进一步提升刚刚获取预算自由和资源配置自主权经济单位的生产积极性。

其次，以国有企业为主导的产权结构，也决定了中国经济高速发展过程中具有较强的双杠杆结构形成动因。尤其是在一个国有企业拥有垄断权的产业体系里（可能开始是行政垄断但在市场化过程中需要转为自然垄断以保护既有地位），不断通过投入资本性支出扩大生产边界和组织边界，通过高经营杠杆和高财务杠杆优势形成规模型竞争力并提高产业进入的门槛，似乎是每一个国有企业的最优选择。事实上，在产业发展初期，资产规模和外部融资（资产负债率）还处在某个适度范围之内，这种双杠杆的扩张的确可以实现规模和效益的统一。

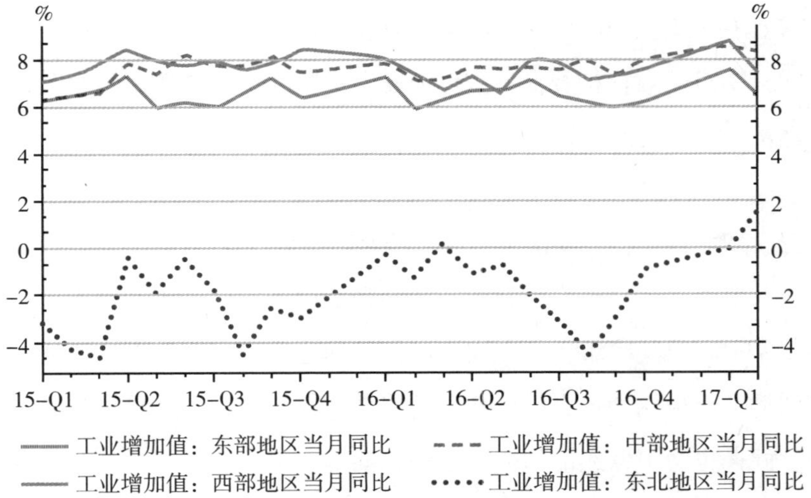

数据来源：Wind 资讯

双杠杆越高的区域产出波动越大

第三，中国的金融深化和市场化过程，为双杠杆的快速扩张提供了与之相匹配的金融财务资源。国有银行—国有企业在体制上的“珠联璧合”，可以为经济迅速扩大固定资产投资提供融资保障，这带来资产负债表另一端资本结构的改变。除了巨量的信贷型融资，迅速发展起来的资本市场也为企业提供了大量的金融资源。既然财务杠杆表达的是每股净收益和息税前利润的弹性关系，那么拥有资本市场融资特权的企业，也就当然可以通过财务杠杆打通债务和股权融资市场的正向联系，在经济上行期将银行融资的优势转化为股权市值的改善。

还有一个需要注意到的动因是——在第一部分的经营—财务双杠杆结构的周期波动传导机理图中已经标示过—— 一旦经营杠杆和财务杠杆形成动力衔接，那么一个强化后的合成加速器就会形成。中国实体经济以投资为主导、金融体系以商业银行为主导的宏观结构，恰恰说明这种双杠杆动力衔接具有得天独厚的优势。时至今日，我们已经看到国有企业存在的这种再明显不过的双杠杆特征，这可能既是中国经济高速发展的原因，又是中国经济高速发展的结果。

三、双杠杆结构与中国经济的“减速和波动”悖论

公司财务理论已经告诉我们，无论是运用经营杠杆还是财务杠杆，本质上都是一种风险决策。这在宏观层面的加速器原理框架内，则是放大的经济波动甚至极端的带有危机性质的波动。双杠杆结构会带来经济的高速增长，同样也会引发经济的快速下跌；甚至由于破产机制的存在，导致正向加速的幅度和负向加速的幅度并不对称（这个现象弗里德曼已经在 20 世纪 70 年代注意到，但没有提出解释并在当时称之为谜）。

自中国经济步入下行周期以来（或者官方语境的 L 型经济），逐渐表现出两个难以理解的特征：一是经济下滑速度非常快，呈现台阶式或换挡式下行态势；二是下滑过程中出现的反弹或回暖周期非常短促，长的在两年左右，短的甚至不到半年，热胀冷缩的频率非常快，经济稳定性的难度越来越大。这样的表现让人难以理解：经济增速放缓但是稳定性却越来越差，这看上去是一种悖论。大多数学者将此归结为财政（基建投资）和货币政策的外生冲击，但并没有对冲击传导的内部机理进行剖析。我们认为双杠杆加速原理，可以较好地解释中国经济近十年来表现出来的异常波动现象。

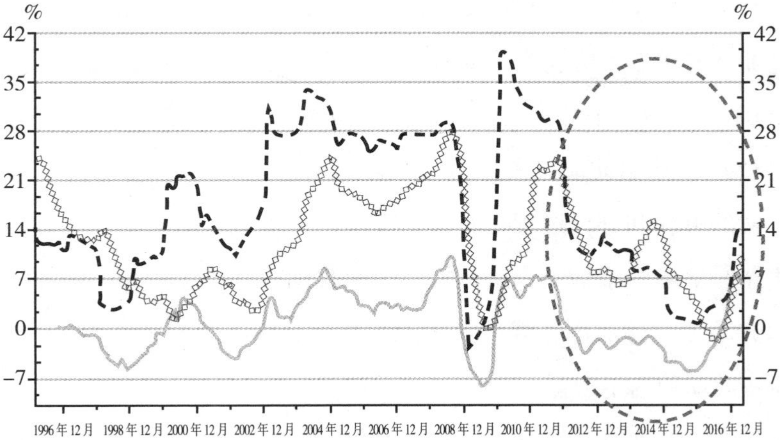

数据来源：Wind 资讯

经济下行阶段库存波动明显高于营收波动

通过经营—财务双杠杆结构的周期波动传导机理图我们可以清楚地看到需求冲击后双杠杆加速器先经过经营杠杆放大信号后，再经过财务杠杆放大的“双重强化”过程。2007 年美国次贷危机以后，中国经济首先受到冲击的是出口需求。根据此图，出口需求快速萎缩后，会传递到外向型主导的制造业企业，较高的经营杠杆会迅速放大销售量对息税前利润的负面影响，这将使企业产生悲观预期而收缩产能和降低库存；而息税前利润又通过财务杠杆放大对净收益的负面影响，也将使企业减少外部性融资甚至收缩资产负债表。这样，出口需求的萎缩经过经营杠杆和财务杠杆的双重强化，产生波动幅度更大的产能、库存和信贷周期。

而面对悬崖式下跌的产出，政府推出的“四万亿”投资计划，则大大提高了投资需求。投资需求的正面冲击也会经过这个双杠杆加速器进一步放大，产生迅速向上的产出波动。随之而来的财政投资力度的减弱，则同样经过加速器的双重强化后，对宏观经济产生较强的负面冲击。因此我们看到 2009 年以后，中国经济的产出波动异常大，尤其是在生产资料领域，波动比 GDP 总产出波动更大。

上文的解释和分析过程相对容易理解，只不过是对基于外生冲击的经典加速器原理额外添加了一层结构。下面我们将进一步解释中国经济增长放缓和波动加大的成因，我们认为双杠杆型经济本身就有拉低经济增速、放大经济波动的内生力量。

首先，双杠杆加速器并不是一个完全的正反馈发散系统，在宏观上存在临界约束，当超越这一临界值后就会产生迅速拉低经济增速的内生力量。这个临界约束来自两方面：一是资本边际产出递减规律对规模经济的约束，我们称为新古典约束；二是有机资本构成提高带来的收入分配极化，我们称为马克思约束。新古典约束在一定临界值后，由于资本边际产出的递减将削弱经营杠杆的放大效应，收敛到一定程度会带来杠杆的去化；马克思约束则会因为高双杠杆结构，收入过度地向产业资本（经营杠杆拥有者）和金融资本（财务杠杆拥有者）集中，劳动获得的分配份额越来越少，最终导致需求的萎缩。而需求的萎缩则会作为一个冲击，经过双杠杆加速器后产生负面的内生波动。这与明斯基提出的经济内生不稳定理论异曲同工。

其次，根据杠杆原理，当销售收入下滑到一定程度，企业处于盈亏平衡边缘（一般被称为边际企业）的时候，杠杆系数会变得无穷大。这就可以解释，为什么中国经济的增速越缓，稳定性表现的却越差。因为经济增速越放缓，成为边际企业的数量就越多。在这种临界边缘上，一个较小的需求冲击，经过双杠杆加速器的双重加速后就会变得极为巨大。

第三，无论是经营杠杆还是财务杠杆，在我国的特有政治体制内容易扩张但难以去化（去产能实际上意味着缩减经营杠杆）。双杠杆的这个单向变动特征决定了杠杆内生变动的结构弹性非常低。即使在微观层面来看，双杠杆结构的维系已经很不经济，但在体制的刚性保护下仍然存续，这就容易产生双杠杆僵尸经济。这种双杠杆僵尸经济导致的后果是，在不断消耗要素资源（经营杠杆）和金融资源（财务杠杆）的同时，只会引起经济波动的增大但无法有效提振经济。

第四，双杠杆的无限扩大，提高了行业集中度和行业垄断能力，挤占了中小企业和民营企业的生存环境，弱化经济生态的多样性，自然就会降低经济体对波动的吸收能力。

最后，经营杠杆与财务杠杆之间可能会出现风险的再分配，通常表现为将经营杠杆的风险过度转移到财务杠杆上。这是因为对于经营杠杆来说，关键的是资金周转和资产收益能力，而这两者具有很强的技术性，取决于产业和技术周期并呈现边际递减规律，外生的财政货币政策难以形成影响。通常来说资本收益率的一阶变化应该与资产收益率保持同向（这里的资本是指所有者权益，资产是企业经营层面的）。但是在资产收益率下滑的初期，资本为了获得更高的回报，就会人为拉大财务杠杆，当然这根本无法长期维系。因此一定时期内即使资产收益率下降得厉害，但是由于财务杠杆的放大资本仍然可以保持相对稳定的回报。这个时候，我们会看到一个发散型系统的出现，即资产收益率的边际递减并没有约束杠杆的扩张，反而在快速刺激企业放大财务杠杆的冲动。这是在经济危机发生前普遍出现的一个现象。

背离与困境
——周期变频、货币过剩与资产短缺

◆ 中国特色的供给侧改革和西方普世的明斯基时刻，很可能短兵相接、交汇碰撞，掀起一个不大不小的时空漩涡。当大部分人开始走出危机情结而高唱新周期赞歌的时候，我们更应该保持对复杂现实的敬畏和警醒。

◆ 所有金融机构原先围绕股票市场牛市建立的盈利模式轰然坍塌，资产重配是非常突然和被动的，风险再评估和重定价根本就来不及，资产谱系因股市波动的超预期惨烈而被震裂，在有效资产前沿曲线上形成换挡，无法与金融机构尤其是银行的风险收益偏好曲线相切。

◆ 中国经济自 2007 年全球金融危机之后，就已经进入了一个以宏观调控为主导的政策市，周期波动呈现出“波谷兜底”的状态。

◆ 社融塌缩与 M2 平稳同时出现，说明了金融机构和其他投资者减少了贷款、非标等与实体经济紧密的资金投放，提高了国债、地方债和国开债等利率债的配置占比，而利率债是不计入社融的，但利率债形成的存款却大都计入 M2（机关事业存款），这是两者发生背离的主要原因。

还有多少供给侧空间，可以置换明斯基时间

背景：在 2018 年年初看中国经济的宏观走势，核心的逻辑是供给侧改革置换的政策空间（杠杆和利率等）能否继续换取明斯基庞氏结构的清算空间。当然 2018 年年初的时候我们没有预料到外部变量的冲击。

一、供给侧改革 VS 明斯基时刻：一场时空对决

经济回暖在时间上既然无虞，那么金融杠杆在空间上就需要继续压缩，以便为下一次空间换时间留下余地，直到中国经济顺利完成新旧周期的转换。

2018 年，中国特色的供给侧改革和西方普世的明斯基时刻，很可能短兵相接、交汇碰撞，掀起一个不大不小的时空漩涡。当大部分人开始走出危机情结而高唱新周期赞歌的时候，我们更应该保持对复杂现实的敬畏和警醒。

基本的逻辑简单明了：供给侧改革是清理产能和杠杆空间，以便脱离或最大化拖延明斯基时刻的清算。然而吊诡且很难避免的是，金融杠杆空间的人为急剧压缩，很可能自我制造另一个明斯基时刻，或者更加惨烈的雷曼时刻。

如果这个明斯基时刻是主动所为，发生在某个局部领域且保持可控，那么这一切权当是压力测试。但是，由于体量庞大结构复杂，并不能完全

保证不向系统性风险蔓延。到时候即使可控，也难免付出巨大的代价。

经济危机史已经证明，每次金融周期顶部的塌缩，都是来自内部或者外部货币和监管政策的收紧。

这个在中国也不例外。由监管之手触发的雷曼时刻，三年内我们已经在股票市场和外汇市场经历过。2015 年的夏天，足以让每一个股票投资者都深深铭记。由于清理股票配资杠杆，造成了整个股市的崩溃，十几万亿元市值被蒸发。同一年的汇改，也引发了外汇市场的挤兑。美元债务杠杆被迅速去化，美元流动性告急，形成了“外储流失—汇率贬值”的恶性正反馈机制。

因此一个论断或许不无道理：金融周期，始于监管，终于监管。在美国，从《格拉斯—斯蒂格尔法案》，到《1999 年金融服务现代化法》，再到《多德—弗兰克法案》，以及当前正在推进的全面金融改革方案，期间都是或长或短、或大或小的金融收放周期。

更加需要警醒的是，中国分业监管的另一种竞赛式行为路径已经打开，那就是由竞争性的鼓励所监管行业体量做大做强以提升自身监管地位，转变为竞争性地比赛谁对自己的行业下手狠。这难免导致金融各行业，将由膨胀式的正反馈，转向紧缩式的正反馈。

或许也是人之常情。哪个监管部门不想自己所监管的行业规模大且有影响力，以便提升自己的行政地位和话语权。那些年监管当局的规模和速度情结也很严重。因此在上一轮宽松的监管周期阶段内，银行、保险、证券等行业实际上获得了巨大的产能扩张机会。

然而，当下的风向已经完全改变。尤其是，各监管部门掌门人的更替，更加剧了从宽松向严厉风格的转变。新一届掌门人清算上一任期内的风险隐患，打扫好房子好进门，当然也是人之常情。况且，金融风险治理已经上升到了国家金融安全的高度，在坚持政治正确的大原则下，严监管运动过度化是很可能发生的。

另一个视角：既然金融产能大跃进已经出现，金融监管大跃进怎么不可能发生？竞争性加强监管及其所造成的后果，成为决定 2018 年宏观风险结构的主导力量。金融业的供给侧改革，能否完成一次危机救赎，用金融供给侧置换的杠杆空间，换回债务明斯基存续的庞氏时间，值得我们期待，但没有太多的理由乐观。

二、理解中国特色：大国空间对周期时间的置换和钝化

空间结构容易分析，困难的，也是最有价值的，是对时间演进的判断。经济学关于时间和拐点的研究，所谓周期理论，在一定程度上有点宿命论的味道。所以英年早逝的周期天王，有一句名言叫人生无非就是一场康波，意思是指好时代碰上了就碰上了，因为并不是每个人都可能碰到康波。他还有一篇成名作，叫《宿命与反抗》。

周期理论可以说成是经济层面的技术派（类似 K 线理论）。所以从 2016 年四季度开始的全球经济回暖，显得那么出其不意。其实直到现在都没有一个完整信服的解释。一句周期性力量，意思就是库存和产能跌久了该反弹了，而对于深层次的动力解构，等于什么也没说。

然而周期分析，对于应用层的研究又是非常有用的。大类资产配置需要择时，宏观对冲组合需要择类。好的投资者一定需要具备全面的时空感。而交易盘，交易的主要是时间。

必须首先从空间上理解中国特色。中国经济的第一个特点，那就是空间上的大。将近 14 亿人口，约 960 万平方公里国土，34 个不同特色的区域（省、直辖市、自治区、特别行政区）。不理解中国经济在空间上的大，

就难以理解中国经济在周期上的长。

所谓的中国经济的两个谜，一则是经济长期高增长之谜，一个政经结构二分的经济体几十年保持高速增长，让西方新古典理论的危机预测无地自容。另一则是货币消失之谜，即全球第一、相当于欧美总和的广义货币竟没有引发通货膨胀。

中国经济的增长之长之快，源自于资源和市场空间之广之宽。经济周期可以绵长亘古，以政府为主导的资源配置体系，原本就是抗周期反危机的典型。且受惠于WTO体系，可能成为历史上第一个没有必要通过军事和政治殖民而和平崛起的大国。

空间的大，一则拉长了周期的长，另一则却也掩盖了结构的“丑”。空间的腾挪钝化了周期的波动，源自于货币和财政政策的维稳。规模的快速膨胀，扭曲了深层次的结构，源自于官办经济下的资源动员机制。于是在周期与结构错落交织的时空里，新旧力量交织成的漩涡丛生暗流涌动。

而这一切被掩盖在波澜不惊和风平浪静之下。好在空间上仍然留有余地，周期性力量随时可以推动边际上的反弹。我们需要认识到的是，如果从总量来审视，投资仍然是全球经济增长的中枢力量。所以，这一次周期性回暖，全球对朱格拉翘首以盼了好久。

然而需要注意的是，第四次技术革命说到底主要是人脑革命，智力资本成为主导，而且不必附加密集的物质资本，这跟过去工业革命、电信革命有着不同的逻辑。大量的研究已经表明，信息技术革命、数字化和人工智能浪潮，会引发重资产投资的退潮。

这导致的结果是，人口老龄化和康德拉季耶夫长波统治下，朱格拉和库茨涅夫中波变得羸弱。假设存在一次强劲的房地产和资本支出周期，一定是来自要素端的数量推动，而非潜在生产率的跃升。因为新周期将是弱朱格拉周期，强人力资本周期。

既然重资产投资处于退潮趋势，那么L型经济就在所难免。但依然附着在规模和速度扩张型模式上的劳动力和利益集团，需要重新寻找新的依附资本和资源寻租空间，导致旧的结构刚性存续在所难免。但第四次工业革命创造的互联网世界，成为吸纳被结构转化甩掉的劳动力的一个重要缓冲平台，从创客到微商，虽然也饱受争议，但不得不承认中国式的自就业机制已经形成。

如果在前几次全球性危机中，中国能够安然度过主要依靠的是“乡土中国”的二元缓冲结构，让大量城市中失业的务工人员返乡，在土地中重建自保障，那么在美国次贷危机以后，所谓的四万亿计划却又在延续城市化进程，将大量的生产要素附着在产能和债务上。

因此，互联网的应用和线上化改造能力，重塑了新时代中国社会主义特色的“国运”。小微和创客在独角兽平台上可以实现体制之外的自我价值。共享经济、平台经济加剧了资本和资源的空间集中，同时也难以避免地将经济史的河流推入了后工业和信息化时代的“新佃农经济”。

在新经济酝酿并内生成长的同时，政府主导的重资产、重债务经济却在艰难地寻求存续和转变。我们认为中国式明斯基时刻被钝化和拉长，是因为我们看到了国家资产负债表中比较奇特的一环：那就是穿透到产权的底层，国有企业和国有银行——债务人和债权人是同一个主体的债务占六成以上，这个几乎违反基本的会计原则。

最近几年，不断扩大杠杆的债务人是国企和地方政府，而另一方面持续提供融资的是国有或国有控股银行，以及最近几年才横空出世的政策性银行。在这个信用货币链条上，国家资产负债表的两端被打通，在预算软约束下形成螺旋式膨胀，闭环的核心是土地和垄断权。

继产能层的供给侧改革收敛了产能空间后，金融层的供给侧改革正在收敛杠杆空间。通过有为监管主动进行金融清理和风险出清后，新旧动能转换在与明斯基时刻的赛跑中便又会略占上风，或许可以有更厚的宏观安全边际。因此，2018 年，金融产能去化将进入深化阶段，金融人自身价值需要深刻反思，那就是能否真的为社会创造价值，或者还是在灭失价值。而大类风险资产，则在这次监管风暴中步入高频波动阶段。

三、2018：复杂结构和高阶信念博弈下，对赌严监管的下一程

理解 2018 年经济金融走向的一个核心变量是严监管或金融去产能。如果构建一个学术模型以分析约束条件下的最优监管行为，我们会发现经济增长的约束条件从 2016 年第四季度就已经松弛，从而为监管加力创造了空间，这个已经多次提到。而进入 2018 年，监管行为的另一个约束条件应该构成主要力量，那就是系统性风险的压力。我们把当前监管的决策简化表达如下：

Min：金融低效产能（杠杆）

S.T.：1. GDP 增长率≥ 6.5%

2. 不发生系统性风险

于是，从上面的模型分析可以看出，研判 2018 年的投资布局，首先需要研判严监管的变化。而研判严监管的变化，则需要从两条主线展开，一个是经济回暖的力度是否仍然能支撑约束松弛条件，另一个是金融去产能导致的风险会不会系统化蔓延并触碰监管者的神经。

对于经济回升的持续性，如果动力中枢结构不变，我们持怀疑态度。2017 年全球经济的超预期回暖，迄今并没有一个信服的解释。尤其是中国经济的回暖，在基建、房地产投资约束加大，金融去杠杆的大环境下，依然出现了强劲的回暖，这个的确出乎意料。当然，从需求侧来看，依靠的边际动力就是出口。数据显示，如果2017年的出口依然保持2016年的水平，那么2017年中国经济的GDP增长率只有5.9%。

从脉冲性反应来看，变化比较突出的是欧元区经济的崛起，尤其是德国经济的快速反弹。有研究已经表明，全球经济的进出口链条是欧元区向中国出口中间品，在中国进行终端加工或组装后形成资本和消费品再出口到美国。这是资本品的产业链分工所致，德国等国掌握着核心技术，中国进行最后的劳动密集型加工，最后向美国输出以支撑消费和朱格拉周期。如果2017年全球经济回暖由德国引发边际力量，然后与中国交相呼应蔓延全球，那么这一次又属于制造业经济区的胜利。

如果朱格拉真的崛起，那么2018年日本的复苏是否值得期待？毕竟作为曾经的制造业强国，虽然一直受到人口老龄化和超高杠杆利率的困扰，但周期性甚至是脉冲型的向上跳跃并不是不可能。若如此，美元的颓势可能会进一步加重。因此，日本或许在2018年有一些惊艳表现。

回到2018年的中国经济。从上文分析可以看出，要判断2018年中国经济的走势，首先要看出口增长能否延续。对此我们持中性态度：人民币汇率的超预期升值已经影响到了出口订单，美欧经济的复苏前景估计很难大幅超过2017年，即使全球经济预期增长率不断被上调。如果出口这驾马车被打弱，而投资补不上来的话，2018年的经济将难以超过2017年。

但经济增长的回落大概率不会触碰约束条件，也就是GDP增长率x依然在6.5%以上。考虑到党的十九大和地方政府换届后引发的投资脉冲，我们认为2018年中国经济的增长在投资的拉升下，虽然难以超过2017年，但依然会表现较好。而由此触发的监管强度则取决于（x—6.5%），如果是线性关系的话可以量化为与某个系数的乘积。在x—6.5%>0的情况下，对严监管路径产生影响的则依然是金融系统风险自身。但具体的边际变化取决于监管和市场的复杂博弈。

我们称为复杂博弈，是因为博弈过程中的复杂结构和高阶信念。复杂结构主要涉及不同监管部门之间，横向的银监、保监、证监，纵向的金融稳定委员会和地方金融局。如果竞赛式监管跑道已经打开，号令枪已经打响，那么如前面所言，比谁对自己行业下手狠的后果是可能会失控。当监管部门打开金融反腐的潘多拉魔盒，监管的力度可能会发生超调。

高阶信念指的是，市场知道监管部门害怕触碰风险底线，而监管部门知道市场知道监管部门害怕触碰风险底线，而市场知道监管部门知道市场知道监管部门害怕触碰风险底线……反反复复理论上可至无穷！

那么最终博弈的结果是什么呢？假设监管竞赛没有失控，而市场也能形成一致性预期，那么理论上很可能会出现多重均衡。现实的语境表达是，恐怕会随机出现多个小型的金融机构作为牺牲品，银行、证券和信托等金融机构的行业整合需要出现。这个结果可以通过对比钢铁和煤矿去产能的后果。当然，金融是经营风险的具有外部性的行业，破产应该少一点，并购应该多一点。这个局面应该是现实版的比较理想的“纳什均衡”。

在这种复杂形势下，盲目期盼信用和债券市场的系统性机会是冒很大风险的，当然大幅波动下（博弈试探）的交易型机会会无时不在，但是要冒着火中取栗的危险。而随着监管预期的趋弱，悬在空中和人心中的靴子不断减少，权益市场的机会依然相对较高。尤其是盈利增长的惯性和通胀预期出现并强化后利润改善向下游的迁移，将为新的白马创造机会。但在流动性紧平衡的大势下，无法形成共同投资认知和吸附流动性的非核心资产，将保持较低的夏普比率。

最后或许可以作一个比较大胆的判断：2018 年将是市场风险反噬有形

之手的一年，也是考验全球货币政策能否顺利按计划退潮的关键一年。因为习惯于或者寄生于负利率或者超低利率环境中的几十万亿美元的金融资本，在价格重估和风险再平衡过程中将带来巨大的漩涡。然而只要产业资本继续回暖，金融资本终究会遭到抑制。而中国的金融资本，在资管新政和严监管的大潮中，正在走向“剩者为王”的新时代。这是哪个行业也逃脱不了的周期宿命。

资金剩、资产荒意味着什么——中国经济之谜（思考之一）

背景： 2014年以来，中国经济从一年前的钱荒转为资产荒。然后又经历了2015年的股票市场和外汇市场异常波动。这其中的深层次逻辑和原因是什么？

从钱荒到股市波动再到资产荒，仅仅两年的时间，中国金融市场就经历了一场从“现金为王”到“资产为王”的美林钟摆，资产重配频率之快让我们应接不暇，然而期间发生的周期切换、货币冲击、交易重构和监管博弈，又非常值得玩味。自然而然就想起王尔德曾经说过的那句话：生活的戏剧性大于戏剧本身。

如果说钱荒的发生，是因为央行对“同业鸦片”的一次“虎门销烟”，那么股市大波动的出现，则可以看作是证监会对“泡沫盛宴”的一次“扫黄打黑”。当伞形信托、分级基金、融资配资做成的杠杆饕餮，被稽查和风控部门当成地沟油强制平仓的时候，谁也没料到我们终于用一次史无前例的金融市场波动，向全球证明了系统重要性。Forget Greece，look to China，全世界的交易员不得不校准模型参数，重构风险因子和交易模式。当美元加息都因为中国的资本市场波动而战战兢兢汗不敢出的时候，希腊债务危机又一次顺利达成和解是不是也应该暗自侥幸并长吁一口气？

与过程的起伏跌宕波澜壮阔相比，我们更关心两次金融蛮荒之后的市场后果：钱荒之后规范同业业务的8号文、127号文等文件的出台，央行随后开始了宽松周期。这样做的后果是，重配资金从非标向股市迁移，完成了一次大类资产的短周期切换，股票牛市开启；而股市波动之后，所有金融机构原先围绕股票市场牛市建立的盈利模式轰然坍塌，资产重配是非常突然和被动的，风险再评估和重定价根本就来不及，资产谱系因股市波动的超预期惨烈而被震裂，在有效资产前沿曲线上形成换挡，无法与金融机构尤其是银行的风险收益偏好曲线相切。于是，资产的有效供给能力，在遭受实体经济萎靡、投资回报下滑、信用市场惨淡、非标无监管套利空间、地方债务约束等一系列压制之后，又遭到股市波动的沉重打击——用于支撑大资管和泛投行的股票资产池，也无法再收留那些无处安放的、躁动不安的流动性狂热。

所以，我们看到在股市踩踏中侥幸逃生的资金蜂拥入货币市场，竞相抢购可以带来安全感的利率债和高信用债。而原先无人问津的中小企业融资需求，即使在资产荒下仍然无人问津；毕竟，当信用生态遭到破坏，信贷配给成为主旋律，经济上行期把酒言欢携手并进的银行家与企业家，如今已形同路人甚至反目成仇。而信用生态的破坏，是不可逆的，一如自然生态系统遭到破坏后的不可逆。于此我们得到一个结论，资产荒充满结构性谬误，至少在经济全面进入通缩以前，不是没有有效资产（信用需求），而是没有有效的信用供给。中国金融体系的主导者银行，在不断恶化的资产质量面前，已经没有能力形成更高的风险偏好。我们不得不在中国经济几十年可能最疲弱的时刻，看到可贷资金供需曲线的缺口反而在不断拉大，而唯一用于填补此缺口的股票市场，仍然没有从那一场事故中完全恢复。

深究这一切就会发现更多。比如，按照信用货币创造理论，是资产创造货币而不是相反，既然如此为什么会持续出现这种不对称的资产－资金结构？全球来看，全球技术周期末端叠加货币宽松大潮，势必形成史诗般的超级债务周期。这个债务周期之所以称之为超级，一是债务的多次出清需求都被人为熨平，明斯基风险在各种 QE 中不断递延，形成一条顶部扁平的怪异曲线，时间之久可谓之超级；二是债务量之大史无前例，穷尽一切可抵押资产增加杠杆，从居民和企业的资产负债表，到国家资产负债表，消耗掉最后一点可抵押品和信用形成债务。在这个超级周期下，美国央行资产负债表短短八年时间扩张了 5 倍，欧洲扩张了 2.5 倍，日本扩张了 4 倍，数量之大可谓之超级。而对于中国来说，当前的货币创造机制与过去十分不同，过去十几年中国货币的创造原动力来自于外汇占款，即国际收支盈余下形成的外汇进入央行的资产负债表中形成资产，央行以此为发行准备发行货币。这一货币创造过程是内生的，是发轫于实体经济，即货币的形成由实际劳动价值（中国制造）作为背书。而当前的货币创造，无论是流动性便利、再贷款还是降准，虽然从形式上来说也可以说是内生的，但实际上缺乏微观实体的背书，即使有背书，也是刚性兑付下的僵化资产，整个过程具有较强的外生性特征。强扭的瓜不甜，极端一点来看，外生创造的货币由于自上而下凭空印制或者以无效资产作背书，在实体经济层面如果没有有效的资产相对应，那么就只能形成两种后果，或者形成金融泡沫，或者形成资产荒。实际上，在国际上每次金融危机之前，都曾经历过一段金融泡沫或者资产荒，其持续时间很大程度上取决于政策当局的态度和能力。如今，超级债务周期已显露困境，美国 QE 终止很大程度上是因为美联储在信用品市场的份额已经太高，国家信用对私人信用的挤出份额太大。而同样的，日本也面临着 QE 无有效资产可买的窘境，安倍经济学的三支箭几乎全部脱靶。这说明，人为创造的货币周期也会面临残酷的拐点。

由此，我们不得不说，资产荒是超级债务周期和人为货币周期下的全球性问题。在技术周期衰退、货币周期人为拉长的叠加时刻，资产荒就像是超级债务阴影笼罩下的醉舞。资产和货币之间的内生连接被切断，只靠央行以做市商的姿态参与经济周期创造，无疑是非常危险的。如果有效资产供给不足的问题不能从根本上解决，一旦通胀卷土重来，资产荒可能会与钱荒同时出现，也就是形成债务—资产螺旋紧缩——毕竟，货币周期可以人为赝造，债务周期可以 QE 赎买，但实体经济的内生增长力量，仅靠货币政策是无法产生的。

慢增长、快周期意味着什么——中国经济之谜（思考之二）

背景：2013 年以来，中国经济呈现出经济增速放缓的同时，经济波动在边际上变大的背离现象。其中的内在机理是什么？

统计数据显示，2014 年第二季度经济企稳信号明显，GDP 增长率又回升到稳定底线之上。分析人士普遍对 2014 年下半年的增长势头保持乐观，认为经济又一次摆脱 2013 年第二季度以来的持续下滑局面，重新回到短暂的上升通道。

我们观察到，自 2013 年第二季度经济进入波谷，到 2014 年第二季度再一次稳定筑底，整个周期相隔时间还不到 1 年，且 2014 年第二季度的 GDP 增速创下了近 20 年新低。这表明中国经济现在出现了让人费解的现象：经济增速在快速放缓的同时，经济波动竟突然加剧了。这种"慢增长 + 快周期"的状态组合，是常规经济理论难以理解的。

经济周期理论发现，最短的存货周期都在 4 年左右。但存货周期只是短期扰动，经济还要受朱格拉周期（10 年左右）、库兹涅兹周期（20 年左右）和康德拉季耶夫周期（50 年左右）等十几年、几十年的大周期主导。难道中国经济现在"沦落"到靠短存货投资来支配的周期状态了吗？

而且按照直观的理解，当经济从高速增长放缓后，波动的幅度应该减小，如同行驶中的汽车在速度减慢后更加平稳一样。但是我们观察到的现象却与此相左，2011 年到现在，经济的波动实际上在加大，甚至在不到一年内就可以实现一个从筑底到回升再到见顶的“快周期”过程。

虽然前几年中国的高速增长也不算稳定，但是快增长伴随大波动我们可以理解。笔者曾经在一个基于政治家—企业家的双主体模型中得出，中国特有的政治经济架构将会导致经济很难形成一个稳定的均衡。但是现在让我们迷惑的是，在经济增速明显放缓的时候，为什么增速颠簸反而加剧了？这是中国经济着陆中各个经济主体再平衡下的内生性颠簸，还是政策变动形成的外生性冲击，抑或全球经济不稳定形成的脉冲响应?

这个问题从表面上理解似乎不难，那就是中国经济自 2007 年全球金融危机之后，就已经进入了一个以宏观调控为主导的政策市，周期波动呈现出“波谷兜底”的状态。我们定义的“稳定周期”的主要特征是，内生增长力量疲弱，经济向上的动能几乎全靠政府主导的投资驱动，在居民可支配收入和边际消费倾向没有明显改善，主要出口国家经济复苏不确定性仍然较大的时候，经济增长和周期变化根本上还是取决于政府的投资和消费活动。

拿最近一个短周期来说，从增长的动能来看，我们没有发现明显的内生结构性力量，本轮经济回暖的动力来源仍然是政府主导的投资和消费（政府购买）活动。相关的数据证明是，2014 年 6 月份财政支出同比增长创纪录地达到 26.1%，远高于 2014 年 1—4 月财政支出累计增长 9.6% 的增速，其中住房保障和交通运输支出增长明显，增速分别为 30.2% 和 22.1%；在房地产投资受政策影响持续下滑的情况下，固定资产投资环比增长 1.65%，其中政府主导的铁路、高速公路、地铁和核电站等基建项目仍是重点。

而来自银行从业人员的感触是，近几年几乎每年都会有一段时期实体经济都在焦虑地等待刺激政策的出台。这个时间点一般是在第二季度，或者确切地说是6月份前后。这其中有政治经济学的含义在里面，因为各个地方项目的预算审批大部分都是在第二季度通过，第三、第四季度集中花钱搞项目。2014年的预算审批可能早了一点，毕竟经济形势在第一季度实际上已经非常严峻。

这样，我们的答案也就很明显了。中国经济“慢增长+快周期”的奇异组合，主要是中国经济潜在增长中枢下降后，政府为了经济稳定而施行的一系列刺激政策所致。而且这种短周期呈现出明显的政治经济动力特征，与财政预算的制定、审批和实施周期有很大的关联。比如，一般都是下半年经济进入波峰，主要原因就是下半年是预算通过、大项目集中开工、公共部门集中花钱的时期。

再通俗一点来说，慢增长是市场无形之手的内生要求，而快周期则是政府有形之手的外生干扰；慢增长是“无可奈何”，快周期则因“心有不甘”。毕竟，中国经济增长的中枢下移已经成为客观的规律：资本边际效率的递减、刘易斯拐点的到来、国际贸易比较优势的衰微、能源资源的外生约束等公认的供给层面的因素自不必说，由于制度层面的结构性问题导致的需求压抑和消费厌恶，也在短期内成为进一步抑制增长的重大障碍。然而，为了使中国经济免遭硬着陆的厄运，政府必须发挥有形之手的能动性，以保持经济增长稳定在就业率容忍的状态，区间管理和稳定兜底也是在当前各种宏观约束下的最优政策选择。

但是，我们需要清醒地认识到，没有一个经济体的长期增长靠稳定政策刺激，超短的周期波动会带来巨大的不良影响和风险，经济的长期增长还需要最大化地发挥每一个生产要素的作用，因此还是老话题，中国需要加快改革。然而关键的问题是，改革的动力和目标首先要保持一致，这就需要改革顶层设计者们加快权力重组，从修正游戏规则入手，从根本上消除内生改革的政治性障碍，更多地以供给学派的视角去盘活存量、解放生产力，才是找到新的均衡增长路径的根本办法。

社融缩、货币胀意味着什么——中国经济之谜（思考之三）

背景：2014 年 10 月的金融数据出现了让人费解的异常：社会融资规模仅增加 4767 亿元，较 2013 年同期减少 1770 亿元，说明即使考虑季节因素，社融也出现了较大的塌缩。但 M2 却稳中有升，同比增长 13.5%。资金使用端（社融）和货币来源端（M2）发生背离，这说明了什么？

社会融资塌缩的同时，广义货币依然保持着较高的膨胀速度，这种背离的内在原因是什么？会造成什么样的宏观经济后果？

1. 社融塌缩主要有三个原因：

一是集中偿付。43 号文发布后，2013 年第四季度各地方平台，为了享受最后的盛宴，出现了在政策实施之前集中放贷现象。这些平台贷里有很多一年期贷款，因此 2014 年第四季度集中偿付。

二是实体需求不足。实体经济继续下滑，缺乏好的投资项目，银行信贷意愿仍然不强，在资金使用上仍然偏好于风险低、流动性强的资产。

三是非标回表。存贷比取消 + 非标 100% 计提风险权重，导致同业业务监管套利的空间越来越狭窄，大量非标业务回表转化为信贷资产。数据显示，10 月份，银行对非银机构贷款减少 395 亿元，信托贷款减少 201 亿元。

2. M2 平稳有三个原因：

一是宽松政策显现。央行通过降准、信贷资产再贷款、SLF 等政策工具，提高了货币乘数，弥补了基础货币缺口。

二是外占流失速度减缓。经常账户继续保持顺差（虽然是衰退性顺差），人民币贬值趋势得到缓解，人民币资产（股票和债券）在短期内重新焕发活力，大大减轻了资本流出的压力。数据显示，2014 年 10 月外汇储备增加 114 亿美元，结束连续 5 个月下降的局面，保障了基础货币平稳。

三是财政存款增长平稳。2014 年 10 月财政存款增加 5111 亿元，随着财政支出的增加，有一大部分转化为机关事业和企业存款，对 M2 产生了较好的补充作用。

3. 社融塌缩与 M2 平稳同时出现，说明了金融机构和其他投资者减少了贷款、非标等与实体经济紧密的资金投放，提高了国债、地方债和国开债等利率债的配置占比，而利率债是不计入社融的，但利率债形成的存款却大都计入 M2（机关事业存款），这是两者发生背离的主要原因。同时，我们认为，2014 年 10 月股票市场回暖，资金向股市分流，也是社融塌缩的原因。

4. 在存款结构上，居民存款大幅度减少，非银行金融机构存款和财政存款大幅增加，这说明两个结构性变化：

一是存款理财化趋势仍然较强，居民存款通过理财、信托、股票保证金账户等通道转化为同业存款。

二是地方政府干劲仍然不足，大量的资金在财政账户及准财政账户淤积。由于中央地方仍然处在复杂的博弈过程中，以及客观上政策空间狭窄，地方政府仍然缺乏足够的引导区域经济增长的动力。

5. 社融与 M2 的背离说明了资金需求和货币供给之间存在缺口，实体经济萎靡导致的资金需求不足，与央行积极货币政策产生的货币供给过剩，势必会引起无风险利率的进一步下行。但随着刚兑被打破，风险溢价会有上升趋势，信用利差可能会拉大。

发酵与异化

——泡在水里的债务与人民币“暗物质”

◆ 从资产荒到负债荒的跃迁，从股灾、汇灾，到债灾的大类资产危机轮动，这些金融怪象意味着什么呢？这不过是实体经济挣扎在周期末端，结构性矛盾濒临崩溃的边缘，反映在金融体系这个幕布上的“皮影”。

◆ 全社会资金流正发生危险的逆向流动，表现为用货币市场的短久期资金，赚取信贷市场的长久期利差；用信贷市场的权益质押融资，赚取资本市场上的高风险收益。

◆ 汇率仍然是核心的风险点，汇率波动将通过情绪感染、政策压制和重定价预期冲击国内市场；信用在边际上决定着风险的趋势，债券市场的“水下手术”，可以降低雷曼时刻发生的概率，但信用收敛仍将继续。

◆ 我们保守估算当前中国对外经济往来中可能已经形成大约 1 万亿美元的经济暗物质……如果考虑到经济暗物质的湮灭效应，中国的对外金融净资产很可能减半。造成这种局面的原因，本质上是中国对外经济中“大资产、弱货币”的地位不对称。

货币化进程的新阶段及投资逻辑

背景：2017年5月末，广义货币（M2）余额160.14万亿元，同比增长9.6%，增速分别比上月末和上年同期低0.9个和2.2个百分点，创历史新低。这对中国经济金融产生的影响是前所未有的。

我们可能正在见证中国现代货币史上具有里程碑意义的事件：广义货币同比增速三十多年以来在2017年5月份首次跌破两位数。如同当初GDP增长率跌破7%，经济进入“新常态”一样，中国的货币环境也将步入增速放缓的“新常态”。与经济新常态相比，货币新常态所昭示的政策内涵和金融生态，可能更值得投资者去思考和揣摩。

一、货币驱动型增长模式的终结

如果说，经济新常态意味着投资拉动型经济增长模式的否定，那么货币新常态是否可以看作是货币驱动型经济增长模式的放弃？至少从直觉上意味着，央行告诉我们未来要从宏观上做好货币增速为个位数的心理准备。

经济学理论已经告诉我们，由于存在边际递减规律的制约，这个世界是收敛而不是发散的，这样才会存在均衡状态的可能。投资拉动型经济增长模式的不可持续，在于资本边际产出是不断衰减的；同样货币驱动型经济增长模式的不可持续，也说明货币政策的边际效应也是衰减的。当货币政策在边际上释放的产出刺激效果，无法覆盖由此产生的通胀和系统性风险成本时，货币政策宏观后果是不经济的。这实际上是“流动性陷阱”发生的内在机理。

“流动性陷阱”可以说是央行宣布中国经济进入货币新常态的理论基础。回想一下我们过去几年，从资产荒到负债荒的跃迁，从股灾、汇灾，到债灾的大类资产危机轮动，这些金融怪象意味着什么呢？这不过是实体经济挣扎在周期末端，结构性矛盾濒临崩溃的边缘，反应在金融体系这个幕布上的“皮影”。也说明，货币当局试图用金融周期来硬托经济周期，用货币创造的空间来拯救经济回暖的时间的种种努力，在流动性陷阱中不得不走向失败的边缘。

而且，由于影子银行的存在，宽松的货币政策不仅无法有效刺激经济，还会滋生大量的潜在风险。这样货币新常态不仅宣告广义货币增速进入个位数时代，同时也宣告影子银行也将进入一个收缩阶段。

二、中国现代货币化进程的六个阶段

同经济新常态一样，从“货币新常态”这个词里，我们也读出了无奈。这个无奈源自于货币创造机制的破损与无力。中国市场化进程的另一面是货币化进程，也就是在一个新兴国家里可以超越传统货币数量论的货币创造过程。用稍微通俗些的语言说就是，从非货币交易的计划经济向市场经济转型的过程中，存在巨大的货币释放和内生创造空间。

粗略来算，改革开放以来货币创造的过程经历了六个阶段：

第一阶段是商品市场的货币化，对应着市场化进程。产品从计划分配到采用货币作为媒介，期间创造了大量的货币需求，此时的主要方式是经济单位（主要是国有企业、集体企业和机关单位）从商业银行贷款，通过收入分配渠道向商品市场注入货币，完成货币在商品市场中的交易媒介职能。而商业银行则向央行再贷款满足商品化的货币需要，这样就形成了基础货币到广义货币的投放。

第二阶段是要素市场的货币化，对应着工业化进程。要素市场主要包括资本和劳动力。资本的积累和再生产的扩大，需要生产资料市场的货币化，主要是通过制造业贷款来实现。而劳动力的货币化，除了货币工资以外，还通过个人贷款实现了人力的资本化。

第三阶段是国际贸易的货币化，对应着全球化进程。自加入 WTO 后中国制造创造的外汇，都注入央行的资产负债表中成了基础货币的发行基础，最多的时候接近 4 万亿美元，可以创造 100 多万亿元广义货币。

第四阶段是土地市场的货币化，对应着城镇化进程。土地抵押、房地产开发贷、住房按揭等创造的贷款，在资产负债表的另一端都形成广义货币。

第五阶段是地方债务的货币化。自美国次贷危机引发的全球金融危机以来，中国经济也受到了较大的冲击。为了稳定经济增长，地方政府通过融资平台、政府投资公司等，进行了一系列扩张的信贷和财政投资政策，导致地方债务飞速增长，在商业银行体系的负债端创造了大量的广义货币。

第六阶段是影子金融的货币化，对应着同业金融的创新过程。近五年，商业银行表内业务在受到资本、监管等约束的情况下，在表外、表表外领域进行了广泛和快速的创新，业内所谓的“大资管”“泛投行”等业务发展迅速。而这些银行间、银行与非银金融机构间的业务往来，也需要货币进行支付清算，而且需要的是基础货币。因此，这些业务的开展，需要央行持续的基础货币供给。实施上，央行近几年以来也创新了各种公开市场工具。

从中国的货币化进程中我们看到，货币创造的资产支撑发生了很大的变化。随着商品市场化完成，商品市场吸收和创造货币的力量已经作古。工业化也面临产能过剩问题，支撑货币发行的资产质量在僵化和恶化。全球贸易引发的货币化正在走向相反的进程——外汇储备流失，基础货币被“釜底抽薪”。而土地市场和地方债务的货币化让我们看到由此发行的货币背后越来越多的泡沫和风险。

实际上，最让货币当局担心的是货币化进程中的第六阶段，那就是影子银行的货币化。当商业银行创造了大量的影子业务，并为这些影子银行业务从央行融资的时候，就触碰到了监管当局的底线。从货币理论来看，影子银行融资膨胀创造的是影子货币（M3），这一层的货币创造是极其缺乏实体支撑和充满风险的。

三、货币新常态里的投资逻辑

如果货币新常态持续下去，靠经营货币为生的金融机构将必须收缩产能，因为无论是表内还是表外，都可能因为缺乏广义货币的支撑而不得不缩减资产。

而在实体经济层面，则蕴藏着发生债务—通缩的可能。货币供给收缩后，资产价值下降，企业债务率上升，流动性需求的上升又不得不使其抛售资产，这会引发资产价值的进一步下降，进一步导致抵押和融资能力的下降。同样，由于货币供给收缩，企业的货币需求无法得到及时满足，将很可能发生资金链断裂乃至破产的风险。如果破产企业增多，货币需求就会因为受到货币供给收缩的伤害而进一步收缩。这些都会形成恶性循环。

这是货币新常态阶段大概率发生的风险。

对于大类资产，面对首次增速跌破两位数的广义货币，如果能够确认由此会引发债务—通缩循环，那么显然配置风险资产和构建高杠杆是不明智的。现在是一个很蒙昧的环境，前所未有的气候变迁，传统的美林时钟是否适用还不得而知。

然而一个交易型机会可能不该放过，这是个借鉴于经济新常态下，政策当局在经济增长速度触碰维稳底线时所采用的基建和房地产稳增长策略。同样，在货币新常态里，增长和风险无论哪一个抵达底线的时候，都可以看作是一个货币反常态的交易机会。很显然，这个交易机会大家可能都已经看到，因此难点就在于对央行风险和增长底线的精准把握，以及交易机会成为公共认知时所残留的细微的预期差。

资产荒、负债荒的背后是信用荒

背景：2017年以来，中国经济呈现出资产和负债“双荒”的局势。这种特有的局面需要多维度视角的解读。

在大类投资和配置方面，2017年特别需要关注一些临界值的变化。其中一个显著的变化是，资产荒+资金荒的“两荒”同时出现，这可能是近十几年未曾遇到的异象。有很多经济学家，通过引证美国、日本、欧洲等国家地区金融危机爆发前也曾出现“两荒”，作出让人悲观的判断。那么中国经济金融体系当前出现这种异象的机理到底是什么，会不会发生系统性风险，这是一个在投资布局之前必须回答的问题。本文主要阐述如下六个观点：

一、资产荒是个非均衡、不可持续状态

从宏观上，源自于“实体去杠杆+金融加杠杆”的周期错配。该假说可以通过近几年广义货币增速下滑但非银存款增速飙升的数据来印证，因为广义货币的创造主要来自于实体经济单位的资产，而非银存款则主要体现为影子银行的金融信用扩张。

二、非金融企业信用与商业银行信用的动态非对称性

在微观上，则来自于非金融企业信用（尤其是民营企业）与商业银

行信用的动态非对称性。也就是虽然银行对企业的信心下降，出现了停贷、抽贷和惜贷等行为，但居民和企业对于银行信用的信心没有发生明显变化，并没有出现对银行的“停存”“抽存”甚至挤兑等行为。信用结构的这种非对称性根源是，中国商业银行信用背后存在政府信用背书，大部分民营企业则没有，这就导致了商业银行在负债端和资产端的压力体验不一致。该假说可以通过商业银行中小企业不良率，私人投资增速、贷款增速、利率变化（着重看体制内外资金价格变化的不一致）等宏观数据进行部分验证。

三、信用结构出现严重分化

私人信用出现严重萎缩的同时，政府信用却在加速膨胀。金融资源不得不向政府信用累积。表现为：在信用市场上，商业银行的信贷投放严重集中在政府平台 + 房地产 + 国有企业；在货币市场上，金融信用在影子银行模式的驱动下自我创造并不断膨胀，形成“低期限错配利差 × 高金融杠杆”的利润方程对赌央行的流动性政策底线。

四、社会资金流正发生逆向流动

表现为用货币市场的短久期资金，赚取信贷市场的长久期利差；用信贷市场的权益质押融资，赚取资本市场上的高风险收益（资本利得或举牌后的资产重组对赌）。这样货币市场、信贷市场和资本市场上的全部流动性压力都传递到央行身上，整个金融体系异化为一个“分级基金”，央行的基础货币成为“劣后”，而盈利性金融机构争当“优先”。这是一个非稳态系统，央行不得不用货币之水维系信用之险，但难度越来越大，临界值的观测至关重要。

五、外部贬值 + 内部滞胀，将是这个非稳定态系统的“终结者”

人民币汇率是可控程度最差的外部变量，通货膨胀是对货币赎买经济增长和金融稳定的终极反抗。美国经济复苏趋势 + 特朗普上台的巨大脉冲，都将给人民币汇率形成巨大的贬值和波动风险。在人民币反向套利的压力下（负债人民币化 + 资产美元化），央行的基础货币创造被严重干扰，央行通过货币之水维系金融稳定性的瘫痪风险越来越大。另外一个困境是，商业银行的存款准备金被锁在央行的资产负债表中形成货币死水，导致了“高法定存准率下却频繁向央行再贷款（PSL、MLF 等）”的金融无效率行为。出现该怪象的根源主要来自于货币周期的突然逆转，当然也有央行的战略眼光问题。而滞胀的根源从周期理论的解释是，经济周期与货币周期的不一致，即经济周期的探底并没有及时消灭杠杆上的广义货币；实际上成本推动型通胀也是由货币驱动，不同的是起点发生在黑色大宗等产业上游而已。

六、投资和交易的本质是风险管理，该结论在风险大年尤为重要

2017 年的风险管理，需要围绕“周小川的变脸 + 特朗普的玩笑”展开，这意味着内部的流动性拐点和外部的特朗普预期差冲击。而战略性机遇，则需要在对冲人民币资产购买力平价重定价的基础上，抓住党的十九大的政策红利 + 信息技术革命 × 大国效应的超级科技红利。毕竟在全球资产荒的大背景下，中国举国体制下的财政投资优势和规模经济优势，仍然可能为我们提供风险—收益组合曲线前沿上的优质资产，当然风险收益比仍然不会太高。

债务膨胀背后的系统性风险

背景：2016 年第一季度，出现了一些难以解释的复杂现象。一方面债务继续膨胀，杠杆率不断攀升；另一方面金融市场波动加大，股市多次熔断、汇率持续走贬、信用债违约事件频发等。这些现象应该串联起来加以解读，提供一个多层次的深度逻辑分析。

2016 年第一季度，虽然基建和房地产投资又成功制造了一次人造脉冲，但产能“紧缩”与债务“通胀”的背离格局并没有发生根本改变，反而因此付出了较大的信用和货币对价（信贷拉动 GDP 的性价比越来越低）。

一方面，资本品价格虽然因为大宗价格上涨有所回升，但需求面并没有明显改善，生产者物价指数 PPI 连续 40 多个月下跌，产能过剩仍然严重，钢铁、水泥等重工业产能利用率不足 70% 的国际警戒线，汽车产能利用率也降到了 68% 左右。

另一方面，债务继续膨胀，在企业杠杆率增速放缓的同时，政府和个人的杠杆率开始快速扩张，在 2016 年第一季度超常的 4.6 万亿元信贷里面，个人房贷和大型基建发挥了明显的边际拉动效应，M1 同比增速也创当期新高，但诡异的是 M2 并没有相应的扩大，这也是货币活性的一次反弹，但并不持久，毕竟信用敞口的压力仍然巨大。在货币和信贷的推动下，一线城市房价开始井喷，上海、深圳同比涨幅近 40%；而大宗期货价格的飙升，除了让人看到投机盘的疯狂，也让人嗅到了通货膨胀的隐忧。

在金融通胀的背后，我们看到了潜在的系统性风险：（1）股市重尾高频化，大涨大跌屡次出现，皆因不断下滑的利润增长率和 ROE 水平以及存量资金博弈的不确定性，若没有“梧桐树”们的支撑，股市与信用市场的防火墙（股权质押平仓线）可能早被击穿。（2）债券市场信用债违约事件频现，2015 年共有 24 只债券违约，2016 年前 4 个月就发生 14 起债务违约事件，涉及 27 只债券，近百亿元的规模；推迟或取消发行的信用债已有 239 只，规模高达 2126 亿元。（3）外汇市场虽然保持平稳，但人民币脱钩（汇率闯关）未顺利完成，且付出巨大的改革成本（2016 年年初两个月外汇占款减少超过 1.3 万亿元），加上 2016 年第一季度的天量信贷扩张，人民币汇率贬值压力空前，数据显示 1 年 NDF 卖出价近 6.7。（4）在房地产市场，资金在前有风险拦路、后有通胀追赶的双重夹击下，先是一拥而入一线城市，呈现出价格上升过快、杠杆扩张过度的态势。（5）在一线房价受到政策威慑的情况下，转而涌入黑色产业链，不放过任何一点边际上改善的机会，即使投资者都明白这样的交易是超调的。

在这种背离格局下，内生风险与外部政策之间相互博弈演化，使得 2016 年的宏观风险结构愈加复杂，风险系统可能正在向“沙堆模型”演变：若沙堆式的自适应组织一旦形成，系统性坍塌风险的可测性和可控性（风险燃点）将降低，即使政策当局不断稳定货币供给和保证系统性风险可控，也不能排除局部发生内生性风险出清的可能，毕竟 2016 年将迎来债务偿还的高峰。在这种国内背景下，加上基于全球货币周期下的资产重定价风险，将严重制约风险调整后的资产收益率（RAROC）：体现在收益率曲线上就是风险溢价将高于久期溢价，风险管理的价值将高于时间上的无风险套利。简要的逻辑分析如下：

1. 产能通缩与债务通胀间的背离，加快了债务周期顶部的形成。在债务货币化和政府信用置换效应下，债务周期呈现出“顶部钝化”的形态。

从微观资产负债表来看，产能过剩与债务超发互为镜像，产能周期赶底和债务周期赶顶同时进行，且产能通缩造成的行业亏损进一步提高了杠杆率（杠杆率公式中分母降低与分子提高同时出现），加快了债务周期顶部的形成。但是，由于以政府和国企为主的债务结构的特殊性，去杠杆采取的不是即期出清，而是跨期分摊（广义央行直接买断或代持债务）和空间转移的方式，这样的债务处理技术造成的后果就使得债务周期无法在顶部实现内生出清，呈现出钝化和僵化的趋势，造成债务周期的形态变异，从而可能制约产能和实体经济的结构调整。2016 年第一季度的实际情况也表明了，供给曲线哪怕稍微有点左移或者预期左移，就会带来交易盘的拥挤参与，造成相关可交易标的价格的大起大落，从而将过剩风险转换为泡沫风险。

2. 资产硬约束（企业亏损）和债务软约束（刚性兑付）产生的资产负债背离，成为当前国家资产负债表脆弱性的根源。而用货币化的现金流量表来支撑僵化的资产负债表，则不可避免地受到边际和速度约束，表现为存量债务对增量货币的反噬。

虽然债务可以通过货币化的方式进行摊销和延期，但资本收益率却无法进行人为赝造，产能过剩已经使得实业投资利润稀薄甚至为负。这样微观上资产负债表也在发生背离，资产受到市场的硬约束（市场需求），但债务约束却在国有金融体制和货币政策的托底下软化。国有企业和平台的负债端不断扩张，资产端却无法形成产生持续正现金流的有效资产，资产负债表“阴盛阳衰”的趋势不断加深。进一步考察，国有企业（集团）和平台公司的贷款可能大部分都损耗在现金流量表中（用来发放工资和支付利息等）而不是形成资本性支出、形成资产积累，在这种微观财务模式下，由于存量债务对增量债务的反噬，资产负债对现金流量的依赖将越来越大，加总到宏观上便是明斯基时刻的出现。

3. 为切断债务通缩的恶性正反馈，当局采用货币化的手段稳住债务，企图在封住风险燃点不发生系统性危机的同时，对不良债务进行“水下手术”，以减少宏观经济的风险感染和微观主体的痛感。因此，破刚兑形成的系统性信用风险因为流动性对冲会得到较大程度的缓释。

增长底线和风险底线可能同时抵达，从而形成系统性共振，这对宏观调控带来极大的压力。货币当局通过在数量上丰富公开市场工具、在价格上建立利率走廊，保证流动性供给充足从而稳住债务杠杆，通过在水下提高风险燃点来封住系统性风险底线，是 2016 年政策当局的核心系统性风险管理政策。在这种情况下，货币、债券和信贷市场上的信用风险较流动性风险更加值得我们关注。

4. 但债务货币化将遭遇两大约束而止步：内部通胀和外部贬值，这是货币定价机制对货币超发的出清性反应，当前货币政策的交易化倾向（SLO、MLF 等）也正显示这种尴尬。

量化宽松购买债务存在多重约束，其中通胀和贬值是两大核心约束。如果以购买劣质资产或置换债务为发行准备进行印钞，由于无法形成相应的商品池和资产池，将不可避免地造成货币超发。货币扩张和通货膨胀之间存在着一定的时滞，这一方面为政策当局提供了做实货币背书的时间窗口，另一方面也可能让政策层放松对通胀的警惕而进一步加大货币化力度。让我们更加忧虑的是，全球性货币宽松经历了一段时滞后，可能正在向大宗商品传递，这可能引发一次中等程度的成本推动型通胀，从而最终引发让货币政策走向终结的滞胀。在汇率方面，人民币在 8・11 汇改后触发贬值的一致性预期，人民币负债化 + 美元资产化形成反向套利环，加上基本面无论是商品、股票还是房地产较国外都相对高估（海外购物潮和炒房团不止，说明内外价格很难平衡），汇率贬值压力将持续存在，这将大大制约债务货币化的进程。在这个双重约束下，货币政策的扩张边际也不得不收敛，因此我们看到最近即使流动性出现较大的短缺，央行也不敢轻易降准，而是采用成本和难度较高的公开市场工具来进行对冲，使得货币政策呈现出交易化倾向，大大降低了流动性补给和信用扩张效果（SLO、MLF 等并不能直接提高货币乘数）。

5. 风险的复杂系统正在形成，债、股、汇、房、商品之间的联动将逐渐步入紧约束状态。

在经济上行周期，不同市场之间存在着广阔的风险缓释地带，相应的风险可以通过实体经济资产收益率的提高对冲掉，现金流量表与资产负债表相互支撑。但在经济下行 + 风险高发期，市场间防火墙被打开，债券及信贷的信用风险、股票的“重尾”市场风险、汇率的贬值及大幅波动风险、房地产的结构性泡沫风险都相互交叉链接在一起，正在逐渐失去弹性而板结硬化。在这种情况，央行必须时刻保持警醒，随时准备供给流动性而提高各个区域的风险燃点。

6. 货币超发是资产泡沫的必要条件，由于庞氏 + 杠杆融资对货币的高消耗，货币风险也将是资产风险的爆点。

由于外汇占款流失消耗的是基础货币，因此资本流出对流动性进而对风险资产的扰动极大，加上心理预期及避险情绪的加重，汇股双杀甚至汇股债三杀的风险仍然存在。由于实体利润难以全部覆盖付息成本，庞式 + 杠杆的债务融资系统是一个耗散系统，因此需要不断超发的货币尤其是基础货币的滋养（银行间结算靠超储）。而在外汇占款流失的背景下，为了防止金融机构资产负债表不衰退，信用敞口即使是不良资产也不能快速核销了结，因此债转股勉强保住了资产负债表的规模却会伤害其结构；对金融机构债权（来自创新型流动性工具和政策性银行）成为防止央行资产负债表不塌缩的重要补充，而房地产和地方债则成为商业银行资产负债表的核心资产。而风险燃点的下降，既可能来自滞胀压力下的货币政策转向，又可能来自基于货币去泡沫（贬值）下的资产重定价风险；对于后者，由于资本管制不断严厉的趋势，风险总体上更加可控但会付出僵化的代价。

如果将宏观风险进行线性化近似，附加考虑政策层的外生扰动，我们总体上认为：汇率仍然是核心的风险点，汇率波动将通过情绪感染、政策压制和重定价预期冲击国内市场；信用在边际上决定着风险的趋势，债券市场的“水下手术”，可以降低雷曼时刻发生的概率，但信用收敛仍将继续，刚兑引爆会加速在民营企业和某些高杠杆国企出现，结构性的信用利差也将拉开；而通胀风险的直接体现是政策收紧风险带来的流动性短缺，在经济体的风险燃点极度依赖货币放水提高的情况下，成本推动型通胀将会因为压缩政策空间而拉低风险燃点，使得流动性风险的可控性难度加大。因此，我们最担忧的是通胀—贬值之间形成莫比斯环，因为这是货币价值坍缩的典型形式。在时间结构上，2016 年 6 月份的美联储加息节点和 2016 年 9 月份的 G20 峰会产生了新的预期及实际扰动，但强势美元造成的全球不安似乎已经减弱；在空间结构上，国内要关注 M1—M2 和 CPI—PPI 这两大剪刀差的变化，以及美、欧、日之间的货币博弈及分化裂度，毕竟这些传统货币体系的困境，恰好是人民币汇率风险得以暂时缓释的支撑。

人民币背后的经济“暗物质”

背景：2014年，我国外汇储备总量达到了历史峰值。但是在美国开始停止量化宽松以后，外汇流入逐渐趋缓。对于我国的国际收支问题，有些学者过于乐观，认为国际收支表显示有巨量对外净资产。然而，这些显性的财务数字背后，还暗藏着收支表外的损益，被称为“暗物质”。

中国国际投资头寸表显示，2013年末我国对外金融资产59368亿美元，对外负债39652亿美元，对外金融净资产19716亿美元。

单从投资头寸表来看，近6万亿美元的对外金融资产，近2万亿美元的对外金融净资产，显示了我国对外经济和金融往来中的强大地位。短短10年间，中国的对外净资产已经从2004年的2764亿美元，飙升到2013年末的19716亿美元，增长了7倍之多，雄踞全球第二（日本第一，德国第三），为人民币国际化提供了强大的“金融背书”。以此为后盾，美国退出QE和加息带来的资本外逃压力也似乎不在话下。

但是，在这里我们要给对人民币对外金融净资产和中国人民银行（下文简称人行）天量外汇储备寄予过高期望的观点泼一点冷水。我们看到的近2万亿美元对外净资产都是表内的，而在表外形成的资产损益和隐性负债并没有统计在内。这种实际存在但是又没有在任何一个统计表内显现的资产损益和隐性负债，经济学家们称其为“经济暗物质”。

对于中国对外经济往来中的经济暗物质，国内经济学者早就观察到，但计算起来不够全面。比如，有的学者认为中国的经济暗物质就是FDI形成的留存利润，通过计算，到2010年末FDI留存利润累积高达2100亿美元[①]。另有学者则认为，中国的经济暗物质就是存量估值损失，通过计算，2004年至2012年间中国累计的经济暗物质达到近4000亿美元[②]。

我们认为，应该在一个更加广泛的范畴内考量经济暗物质，计算中国对外经济金融往来的经济暗物质，至少应包括以下四部分：

一是存量估值效应损失。这部分损失是由于外汇汇率和资产价格变动形成的。外汇汇率变动即人民币升值带来的隐性资产损失很容易理解，比如10年前从经常账户顺差或者FDI进入我国的1美元，经过10年间人民币升值33%，在不考虑中国对外投资收益的前提下，按人民币重新计价后所持有的美元资产价值损失了三成多，也就是投资者若撤资，人行需要付出1.33美元，这样就隐含着倒欠国外投资者0.33美元，但这没有体现在表内。资产价格变动带来的隐性损失，是指国外投资者在我国的证券投资资产价格上升后，由于没有按照市场公允价值进行调整所形成的表外损失，比如当初美国银行投资建设银行120亿美元，8年后市值累计增加到280亿美元；当初高盛投资工商银行25.8亿美元，7年后资产市值累积上升到约100亿美元（美银和高盛都是分多次抛售所持股票，在这里按照最后一次抛售粗略估算），若按照外管局的做法不在表内进行价值重估，就会分别形成160亿美元、74亿美元的表外损失。这样由历史成本和市场价

① 徐以升：《外汇局披露FDI留存利润 中国经济“暗物质”浮出》，《第一财经日报》2011年4月13日。

② 丁志杰：《经济暗物质与剪羊毛》，《中国金融》2014年第4期。

值形成的差额，就造成了存量估值效应的损失。对这些损失，保守的估算方法是计算对外净资产与经常账户顺差累计额之差。肖立晟等在《经济研究》2013 年第 7 期计算出 2011 年末这部分差额为 4212 亿美元，经济学者丁志杰估算 2004—2012 年间这部分累积损失为 3917 亿元。由于这种计算方法仍然不能全部体现资产价值变动带来的那部分变动，比如 FDI 投资形成的固定资产价值，10 年间仅房产部分就升值了 3 倍左右，所以应该是大大低估了。经济学者徐以升曾估算，如果按照市场法进行重估，FDI 资产价值将由当时按历史成本法计算的 9974 亿美元（2010 年）变为 2.8 万亿美元，中国的对外净资产将由正变为负。此计算方法略显激进，但我们粗略估算，若将 FDI 投资形成的资产价值增值部分包含在内，扣除掉资产折旧部分，这部分表外损失到现在至少应该在 8000 亿美元。

二是 FDI 留存利润漏损。十几年来，由 FDI 形成的三资企业在我国获取了巨额的利润，这部分利润有的汇回了所属国或者母公司（这部分计入了国际收支平衡表的经常账户），但很大一部分在人民币升值或者投资收益的吸引下一直留存在国内。这部分资金，存留形式虽为人民币，但所有权属于 FDI，按照国际收支管理规则，这部分人民币资金随时可以无条件兑换成外币并撤离。据外汇管理局统计，2013 年末，来华直接投资存量为 23475 亿美元，这些投资十几年间形成了巨量的留存利润。据上海交大的测算，1999—2009 年间 FDI 综合收益率年均达 18%，《经济观察报》的一篇报道认为 FDI 综合投资收益率保守估计也在 20%，《第一财经日报》的一篇报道认为外资企业实收资本净利润率高达 19%，来华直接投资形成的年度利润规模，已经超过 FDI 年度纯流入的新增量，而且形成的利润有七成留在中国。综合这些分析，我们即使按照 18% 的收益率来估算，在将部分复合增长因素考虑在内，按六成利润留存，保守估计累积 FDI 留存利润要超过1万亿美元。虽然2011年外管局按照国际准则修正了FDI统计口径，将三资企业的实收资本、资本公积、未分配利润、盈余公积和持有损益等计入国际投资头寸表内，但是由于数据获取渠道主要是靠企业年检[①]，可能存在两成左右的漏损，这部分规模大约为2000亿美元。

三是热钱形成的留存收益。借助经常账户隐匿渠道部分进入国内的热钱（借助FDI进入的部分在上面已经考虑到），近几年也获得了较高的投资收益和资本利得，这一部分收益随同热钱一样，也是随时准备撤出的，同样没有计入国际投资头寸表内，也是一部分经济暗物质。近两年热钱流入凶猛，其留存收益估计也应该有几百亿美元。

四是即将或者已经移民但未转出的国内资产。如果一个中国公民移民获取他国的国籍，其在国内的资产就摇身变为中国的对外负债，如果这部分资产没有计入表内，也会形成经济暗物质。根据招商银行与贝恩管理顾问公司联合发布的《2013中国私人财富报告》，高净值人群总持有可投资资产规模达到22万亿元（3.6万亿美元），有60%的高净值人士表示有意向或已经移民。这样，由移民或者即将移民原因造成的资产流失形成的经济暗物质有多少呢？从上面的数据来看应该不会少，我们估算上千亿甚至几千亿美元应该会有。

上面计算的都是外国资产在我国形成的经济暗物质，那么我国对外投资收益或者对外国形成的经济暗物质有多少呢？通过观察国际收支平衡表对外投资项我们发现，2009—2013年中国投资收益差额分别为-157、-381、-853、-352、-599（单位：亿美元），也就是说我们的投资净收益是负的，5年间投资亏损达2342亿美元（这些已经在表内体现，

①《正确解读中国国际投资头寸表》，国家外汇管理局2011年。

不会形成新的暗物质），并没有形成有效的投资收益来对冲经济暗物质。

因此，综合上面的分析，我们保守估算当前中国对外经济往来中可能已经形成大约 1 万亿美元的经济暗物质，而当前我国的对外净资产不到 2 万亿美元，说明如果考虑到经济暗物质的湮灭效应，中国的对外金融净资产很可能减半。造成这种局面的原因，本质上是中国对外经济中“大资产、弱货币”的地位不对称，无法像美国那样利用美元霸权地位进行全球资产定价和输出危机来“剪羊毛”。因此，人民币国际化既面临着经济暗物质的威胁，又是解决经济暗物质的根本手段。只是这条路，任重而道远。

第三章

金融市场：人民币金融资产的“闯关时代”

与将近三十年前中国那场惊险的商品市场价格“闯关”类似，今天中国经济可能正面临着一场更加险峻的金融市场价格“闯关”。在股票市场以“股市波动”形式强制性去泡沫之后，8·11汇改以惊险一跳的形式开启了汇率闯关的艰难模式，这一度让股汇之间形成难解的莫比斯环，毕竟股和汇是中国刚性兑付程度最低的两个市场。外汇管制制造的套利摩擦，则让杠杆化的房地产成为超配的人民币资产，以完成人民币负债化对贬值敞口的对冲。而作为资产定价锚的利率，则在资产荒的大背景下不断走低，底部中枢也受制于汇率贬值和资产泡沫压力，但长期无风险利率始终逃不开人口老龄化的魔咒。所有的人民币资产价格，在险峻陡峭的“三峡河段”等待着陆和靠岸。

本章分为四部分：“汇率——最难以刚性兑付的外部变量”，讲述了人民币保卫战的两难困境、8·11汇改的政策初衷和后果，以及汇率与利率之间的传导机理；“利率——在经济压力和资产泡沫中游弋”，介绍了利率定价的逻辑、收益率曲线、汇率利率之间的紧约束等问题；“股市——从‘中国梦’资本化到泡沫‘沙堆化’”，则直面股汇联动、股市脆弱性、股市里的囚徒困境和理性泡沫等问题，并提出了现在看来并不完美的大类资产配置的逻辑；“房市——国家经济稳定器与金融加速器”，尝试论述了房价走势的宏观逻辑、房地产的政策稳定属性，以及房产泡沫是否会被贬值刺破，以房养老和房价之间的关系等。

汇率
——最难以刚性兑付的外部变量

◆ 中国长期以来施行盯住美元制，造成了人民币汇率市场化陷入路径依赖的刚性束缚中难以顺畅“脱锚”。尤其是在美元加息引发全球汇率波动的极端环境下，人民币汇率闯关对资产价格的冲击效应更加明显。只要人民币汇率再平衡不结束，国内资产价格也将难以抵达稳态均衡。

◆ 外储的减少并不完全是外资望风而逃，而是外债的减少、藏汇于民和主权基金的使用，这些都在一定程度上减少了外债风险，提高了国家竞争力和社会福利。

◆ 只要汇率中间价仍然受到“管理”，暗中的交易对手就会预期到明处人行的人民币币值底线，当利率和汇率的再平衡在允许的波幅限制内消化完成后，由汇率端向利率端的政策空间也将释放完毕。

汇率闯关与人民币资产重定价

背景：2015 年 8 · 11 汇改以来，人民币汇率贬值压力持续加大，人民币各类资产也出现大幅波动。在“汇率闯关”尚未成功的情况下，整个人民币大类资产谱系需要一次再平衡来完成“重定价”。

在当前的形势下，人民币汇率，已经不再是简单的货币价格问题，而是成为整个人民币资产定价的中枢神经。我们甚至可以认为，汇率闯关（再平衡）不结束，人民币资产风险就无法出清，人民币资产的“焦虑症”就长期存在。这里的“出清”一词，在严格的量化意义上是指稳定的风险收益比或夏普比率。

一、风险守恒假说的简单理解

不严格但又不失一般性地来说，金融市场应该遵守类似物理学上的“风险守恒假说”，即对单个投资者，风险可以转移、对冲以缩减敞口，但对于整个金融系统来说，这只是改变了基于不同预期（异质性信念，假设 0—1 分布下的看空看多）下的风险再分配结构，而风险的总量却几乎没有变动，即使有变动也只是在时间轴上进行了跨期递延，也就是在某个时点的空间上，风险可能不守恒，但引入时间坐标轴后，风险守恒假说成立的概率就会变大。

风险的再分配也并不是完全没有意义。如果按照有效的市场化规则，将不同的风险匹配到不同的风险偏好上，是可以实现帕累托改进的。或许也可以不严格地认为，福利经济学第一定律在风险市场上也可以发挥作用。

按照这个还没有进行科学论证的风险守恒假说（可以看作是思想实验），人民币国内资产风险与汇率风险之间，如果长期以来没有通过市场交易形成合理的风险定价来进行系统性对冲，那么两者积累的风险就会出现总量一定下的挤出式传导：对国内资产的风险刚兑，会增加汇率贬值的风险；相反，对人民币汇率的稳定，则又会加大国内资产的风险。

二、风险守恒假说下的两个延伸解释

可以从资产配置理论和交易经济学理论进行进一步解释：

从资产配置理论来看，投资者要求资产组合的总收益在风险约束下实现最大化，如果人民币资产在汇率上，由于存在各种管制而无法构建最优货币敞口，那么就需要通过负债从国内资产上追求收益率以弥补汇率敞口缺口和贬值损失，从而保持整个资产组合的收益率完整。或者说，由于国家间存在交易摩擦无法对冲人民币贬值损失，那么就需要通过负债化的人民币，超配国内房地产和股票来弥补汇率敞口。但这个操作在总体上造成的后果是，汇率风险可能稳住了，但人民币资产风险变大，因为交易过于拥挤了。

从交易经济学理论来看，国内资产价格泡沫的稳定，等于免费送给投机者做空人民币的筹码。比如按照汇率平价机制的调节功能（无论是购买力平价还是利率平价，总的来说都是一价定律），当房地产价格的上涨触及平价约束条件后，汇率应该进行相应的变动以保持套利均衡时，或者汇率贬值到一定程度需要房地产价格进行相应的调整时，但是由于经济稳定的需要，汇率或房地产价格被人为地托住，那么就等于免费送给了交易对手筹码。简单举例来说，房地产价格的上涨增加了卖房换汇的金额，增加了投机者做空人民币的筹码。更为严重的是，如果房地产价格是杠杆驱动的，那么房汇之间的大类转换，就相当于变相的用负债化的人民币套取外汇储备，最终形成央行的基础货币 VS 投机者的广义货币的交易格局，这显然会带来巨大的基础货币塌缩风险。

这两种解释的共同点是，既然存在管制无法建立外汇头寸以实现资产美元化，那么通过负债人民币化攫取资产收益率，以部分实现对冲人民币贬值的效果。这样的交易结构可以认为是在半封闭经济体内，构建了一个缓释人民币贬值风险的宏观对冲组合（既然人民币要贬值，人民币贷款相当于空头头寸）。

三、汇率贬值与人民币资产的风险联动

那么为什么过去这种风险守恒约束没有出现呢？笔者 2013 年曾写过一篇《汇率贬值刺破房地产泡沫是伪回归》的文章，里面强调了两点：第一，没有实证证明汇率贬值和资产价格之间存在明显的相关关系；第二，资产价格由于是用本币计价，因此名义价格取决于内部货币环境。过去由于货币条件比较松弛，央行和商行的资产负债形成的基础货币和广义货币池，有较大的调节余地弱化货币的内外部联动（汇率可以看成是货币的外部价格），因此利率和汇率之间的联动还不够紧。

但是，随着美元强周期的到来，尤其是 2015 年 8・11 汇改造成巨大的汇率风险外溢，央行的资产负债表受到较大的冲击，导致汇率穿透国内货币市场与利率板结成块，一下子成为整个人民币资产风险的“暴风眼”。

于是，在货币坐标象限进行全面调整的情况下，整个人民币资产谱系就要进行重定价。这反应到市场实务场景上就是，交易员每天在进行人民币资产配置和交易前，首先要对人民币汇率的变动进行评估。

中国长期以来施行盯住美元制，造成了人民币汇率市场化陷入路径依赖的刚性束缚中难以顺畅“脱锚”。尤其是在美元加息引发全球汇率波动的极端环境下，人民币汇率闯关对资产价格的冲击效应更加明显。只要人民币汇率再平衡不结束，国内资产价格也将难以抵达稳态均衡。

尤其是汇率与股票之间的联动，自 8・11 汇改以来的大部分时间里，两者之间好像形成了一个莫比斯环。因为，在所有的人民币大类资产里，汇和股是刚性兑付程度相对较低的。汇率，作为人民币的国际估值，央行可以通过政策手段在名义上进行人为定价，但是国际金融市场对人民币的估值却是内生形成的。要想维护人民币汇率，就必须相应运用外汇储备进行对冲操作。

2016 年下半年以来，汇股之间的联动有所弱化，那很可能是因为交叉风险的敏感度降低，以及外汇管制造成的货币堰塞湖效应，也就是资产组合收益约束带来的人民币资产超配。但是，这种效应是微弱和短暂的，因为还有风险守恒假说下的交易筹码效应（说到底是利率平价效应）在起作用。风险守恒假说说的是，人民币资产的每一个泡沫，都需要汇率通过贬值来进行风险缓释；但汇率的贬值，并不是稳住人民币资产价格的充分条件。否则，这就是一个耗散系统，而耗散系统是动态经济学系统里最危险的一个。

量价两难下的人民币保卫战

背景： 自 2014 年美联储政策开始“逆转”，逐步停止量化宽松政策并开始进入加息通道，美元指数开始步入一个强势周期。因此，盯住美元的人民币也开始进入一个“外储流失 + 汇率贬值”的“量价双杀”阶段。

在以投机盘为主的外汇市场上，重要的是预期，更重要的是预期共振或者一致性预期。在人民币的交易策略里，交易员往往将外汇储备的流失量和人民币汇率的波动幅度同时作为判断未来人民币汇率走势的依据。

我们可以看出，贬值预期、实际贬值与外储变化之间会形成一个不断强化的正反馈环。这个反馈环会将央行置于一个量价两难的境地：为了维持汇率稳定，就需要不断地用外储来置换人民币，从而外储数量大幅减少；而减少的外储量一旦在市场公布，又会引发新一轮贬值预期和外储流失。还原到实际的交易场景，投资者们在根据宏观数据进行交易的时候，会将外汇储备的流失作为下一期人民币汇率定价的重要变量。因为，外汇储备是央行的筹码。在强制结售汇制度下，筹码不是分散的，而是高度集中在央行手里。

问题的症结之一便是筹码的高度集中，导致宏观交易结构呈现“两极化”局势，即市场并不是分散化的交易，而是旗帜鲜明的“人行 VS 离在岸市场”。这也是一致性、单边预期所形成的市场结构，在这个结构里央行“孤军奋战”（当然也包括接受央行窗口指导的国有和政策性银行），投资者预期同质化，缺乏多边交易形成的市场深度，汇率波动的幅度自然会加大。

央行的被动局面看上去似乎与2015年8·11汇改有关系，在人民币贬值压力较大的情况下，央行单边采取激进的汇率改革的确会伤害投资者做多的积极性。但从内生的货币周期来看，8·11汇改不过是金融市场化改革过程中顺应市场形势探寻新均衡的过程。以价格的波动换取改革的空间，以价格的退让换取外储的稳定，期间必然经历改革的阵痛。市场的魅力，一是在于分散、多边决策，二是在于随机、双向波动。

然而以价保量的策略效果似乎不大，正如上面的动态方程所揭示的，套利结构开始围绕央行展开。同2014年以前人民币单边升值一样，离在岸交易者们开始准备赚取新一轮无风险收益。央行手里的筹码看似很多，但交易对手却复杂难测，极端的情形是出现央行的基础货币VS广大投资者的广义货币，以负债化的人民币套取央行国库里的美元现金。所以我们才看到，即使人民币汇率中枢一再下移，外汇储备的流失仍然压力较大。

在中国经济增长仍然保持相对高速，人民币资产回报仍然相对较高的形势下，人民币的确没有贬值或者退一步说是没有快速贬值的基础，但为什么当前面临如此巨大的贬值压力？一方面是汇率体制遗留的历史问题，也就是人民币长期采取盯住美元的汇率制，造成了升值和贬值周期都出现单边波动的形势；另一方面需要重复上面的观点，重要的是预期，更重要的是一致性预期，如果人民币贬值的预期与外汇储备流失之间的正反馈不断强化，那么围绕央行的套利结构会越来越清晰，外汇储备的减少会继续造成汇率贬值的恐慌。

然而我们的一个问题是，外汇储备的减少是否被过度解读了？实际上仔细算来，外汇储备的减少大部分不是外逃，而是被使用了。从数据来看，外汇储备的减少大部分并不是总量的流失，而是结构的分配，也就是包括三部分：一是外债的偿还，企业的资产负债表更健康，这部分大约在3500亿美元；二是亚投行、“一带一路”的建设和国际性援助等，这关系到国家战略和国际性地位的提高，这部分大约是1000多亿美元；三是企业和居民走出去投资，企业收购、投资以及居民海外消费和资产配置等，大约在3000多亿美元。实际上，代表国内投资热情的外商直接投资（FDI）并没有减少，反而是增加了。

可以看出，外储的减少并不完全是外资望风而逃，而是外债的减少、藏汇于民和主权基金的使用，这些都在一定程度上减少了外债风险，提高了国家竞争力和社会福利。换句话说，与其让外汇储备趴在央行的资产负债表里不动，不如将储备货币换成投资性、生产性资产，以更好地提高社会福利和增强国家竞争力。换个角度，趴在账上不作为的现金外汇和减少外汇增加创造价值的生产性投资，哪个是真正的“流失”？对外汇储备规模，我们需要站在一个“交易中性”的视角去理解，在全球货币周期发生逆转、外部环境压力前所未有的情形下，外汇储备的减少不过是再平衡过程中的自然现象。或者说，外汇储备的减少重要的不是量，而是去向，如果仍然在国内居民的手里，这不过是一种“藏汇于民”的再分配过程。随着时间的推移，我们相信投资者会越来越理性，外储减少与人民币预期之间的强化情结会越来越淡化，人民币汇率的再平衡过程也会越来越平稳，“孤军奋战”中的央行也会逐渐被市场理解。

8·11 汇改的政策逻辑及影响

背景： 2015 年 8 月 11 日，央行突然宣布扩大人民币汇率波幅限制，并规定当日开盘价与上一日收盘价挂钩的定价规则。这一改变的背后逻辑及影响是巨大的！

央行突然宣布扩大人民币汇率波幅限制，将原来的涨跌不超过 1% 放宽为 2%。这样做的目的，除了主动践行改革元年金融领域的改革精神，还有被动放弃部分汇率稳定置换货币空间的意思在里面。笔者在一篇文章《在利率和汇率的刀刃上踏响改革之舞》中提到，政府在保就业和控通胀的基础上平衡利率和汇率的难度越来越大，还不如放开一块让市场做这样“高精尖”的工作。发文后不久，央行就放宽汇率波幅。现在需要思考的另一个问题是，汇率波幅放宽后，利率会是什么变动态势，对利率市场化最后一步有什么影响？

根据无抛补利率平价理论，在国家间资本无障碍流动的条件下，一个国家在利率上的套利应该等于汇率波动的预期损失，这样才能实现无套利均衡。这在抛补情形的表现则是，一国较他国的利差应等于远期汇率的贴水。在不考虑主权风险溢价的情况下，这是理解当前我国利率和汇率之间联系的主逻辑。

汇率波幅限制放宽对利率的影响也遵从这个逻辑。我们知道，中国特色的管理浮动汇率制实际上就是为了保持汇率稳定。因此在蒙代尔三元难题的束缚下，资本自由流动和货币政策的独立性将无法同时实现。过去一段时间，为了保证货币政策的效果，资本被严格管制。但是，在巨大的套利诱惑下，热钱通过各种途径（主要是专业做热钱通道的地下钱庄）涌入国内，虽然外管局多次下文限制外汇流入，但资本管制的作用大为减弱，这也就削弱了国内货币政策的效果。事实也证明，2014 年外汇占款已经成为影响国内基础货币投放的主要变量。

对央行来说，汇率波幅放宽，实际上就是蒙代尔三角束缚的放宽，这样可以释放更多的政策空间在货币政策上，因为根据利率平价理论，利差上的套利将会被汇率变动所冲销，让市场这个更加复杂精准的机制来发挥平抑热钱的作用：即货币市场上的中外利差，对应着外汇市场的人民币贬值。这是不是可以说，当汇率波幅限制放宽后，人行就会获得较高的货币政策独立性了呢？以后的利率将会按照央行的政策意愿运动呢？

我看不会，因为有两个问题始终困扰着外汇政策：一个是在人行仍然锚定中间价然后围绕该汇价进行外汇管理时，这个中国创新的有管理浮动制能否起到利率平价的作用是值得我们深思的，而 2% 的波幅在不发生极端情况下（如货币危机或主权风险）实际上也没有多大的意义。另一个是，在人民币和美元利差较大且人民币及资本项目存在改革预期的情况下，如何来减轻长期的人民币贬值压力，这种情形与 20 世纪 90 年代国内双轨制“价格闯关”有较大的类似。因此摆在我们面前的一个巨大问题是，如何在推进汇率改革的同时保持“货币软着陆”。事实上，从 NDF 交易数据来看，未来一年存在着大约 650 个基点的贬值压力。这表明如果在 2% 的波幅限制下，人民币极有可能沿着贬值的边缘游走。

因此，在汇率顽疾没有根治的情况下，外汇波幅放宽限制，虽然可以短期内减少外汇占款对利率的冲击，保持货币政策主动性和利率的稳定性，但是只要汇率中间价仍然受到“管理”，暗中的交易对手就会预期到明处人行的人民币币值底线，当利率和汇率的再平衡在允许的波幅限制内消化完成后，由汇率端向利率端的政策空间也将释放完毕。这个时候，央行将重新面临着束紧的三难困境以及波动更大、对进出口较为不利的汇率环境。造成这种处境的，看上去是中国改革滞后的外汇制度，根源则是不平等的国际货币体系，而这是很难根除的。

因此，我们的判断是，汇率波幅限制放宽将减少利率平价套利热钱，会在短期内抬升国内利率中枢，并有可能迫使人行降低存款准备金，用货币政策置换外汇政策，这也是在为利率市场化创造环境。但是，一旦人民币币值遭到长期质疑导致人民币国际化受阻，央行仍然会采取汇率稳定，这个时候货币政策的独立性就又将受到破坏，国内流动性又将进入不稳定状态，利率波动也将加大，汇率波动增大的风险将传递到利率上，进一步增加国内金融系统的不稳定性。

利率

——在经济压力和资产泡沫中游弋

◆ 如果金融机构广泛介入了广义货币的创造，那么货币乘数会快速变大，这往往并不意味着货币创造能力的增加，而是基础货币的金融结算压力在增大，钱荒发生的概率也将提高。这个时候如果货币当局的基础货币供给稍有不足，将可能引发全局流动性紧张。

◆ 在利率、汇率等资金价格的内生市场化进程不断加快且纠缠在一起的复杂局势下，当时的收益率曲线形态陡峭，主要是投资者资金资产配置偏好在经济下行和各种不确定情形下的突变，也就是投资者流动性偏好的提升和风险偏好的降低同时出现。

利率定价的中长期逻辑

背景：2016年以来，利率波动开始加大，流动性格局出现变化，货币政策也开始出现转向的苗头。在此背景下梳理利率定价的逻辑是一件非常有必要的工作。

当前，利率走势变得错综复杂，资产的配置和利率风险的管理显得愈加重要。本文提出利率走势的简要分析框架，并对利率的长期和短期走势作出简单的判断。

一、从利率长期走势看人口结构和潜在增长率

作为货币资金的价格，利率的价值中枢从长期来看由实体经济的潜在生产率决定。而在传统的生产函数里，劳动力和资本是最主要的变量，因此，看利率走势应该看人口的变化尤其是人口结构的变化，以及潜在增长率的变化。

1. 人口结构与利率长期走势

人口尤其是就业人口是经济的核心变量。人口老龄化导致利率下降的逻辑很简单：随着就业人口或消费及投资需求最高的那部分年龄段人口比例的下降，社会的货币和投资需求都会下降，从而导致实际利率的下行，

这是决定长期利率走势的微观基础。

从日本的经验来看，就业人口数与国债利率的走势基本吻合。自 20 世纪 90 年代以来，日本的就业人口和 10 年期国债利率都是一个不断向下的趋势。

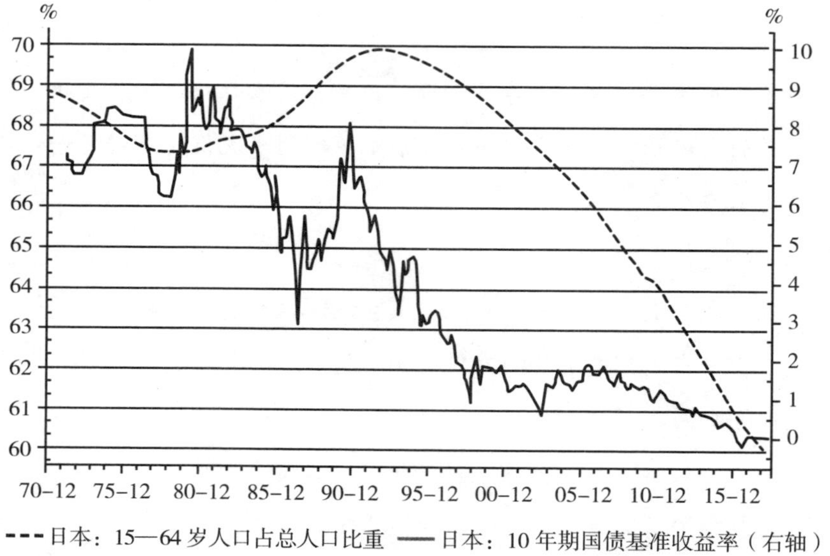

日本的经验：就业人口走势与 10 年期国债利率

2. 潜在增长率与利率长期走势

从企业财务的角度来看，企业的融资利率主要由资本回报率决定（或称为投资回报率 ROIC，理论上称为资本的边际生产率），如果企业预期到未来会得到一个较高的资本回报率，在融资安排上就会有意愿提高融资总量和融资价格，因此资本回报率是决定长期利率走势的另一个主要因素。

潜在增长率是决定实体经济资本回报率的核心力量，下页图展示了日本潜在增长率、自然利率和实际利率之间的关系。可以看到，随着日本潜在生产率的下降，自然利率（满足实体经济资金需求）和实际利率都出现逐步下降的趋势，而且表现出长期低位波动的特征。

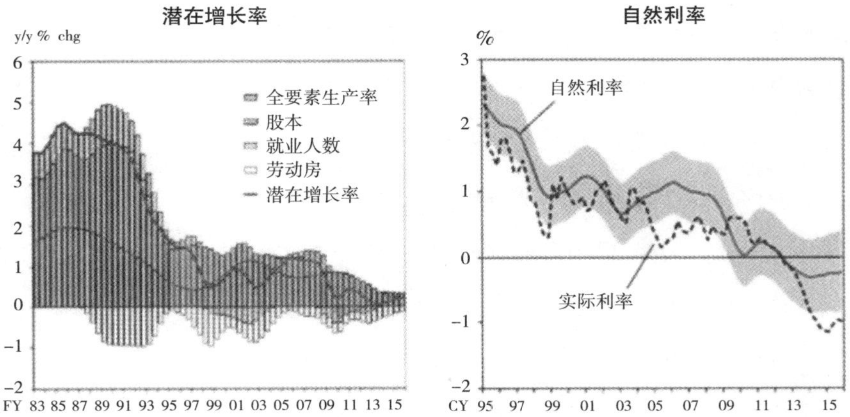

日本潜在增长率、自然利率和实际利率之间的关系

3. 中国的人口结构、潜在增长率与利率的长期走势

从中国的人口结构、潜在增长率等基本面来看，扣除通胀的实际利率的长期走势应该与劳动人口占比、经济潜在增长率的走势相似。随着劳动人口占比、潜在生产率、资本收益率、总储蓄率和投资率的下移，我国利率中枢的长期走势也会呈现“L”型。

二、利率短期走势主要看政策和信用需求

1. 货币政策决定基础货币供给

基础货币是央行的负债，央行根据货币政策目标，通过系列货币政策工具来决定基础货币的供给量。央行的货币政策目标主要是通货膨胀和就业率（泰勒方程），但由于近几年全球金融风险加剧，货币政策目标更加倾向

于将金融稳定考虑在内的相机抉择模式。就中国的货币政策而言，我们认为通货膨胀、经济增长、金融稳定、汇率稳定等，都是应重点考虑的变量。

2015 年股票市场大波动时央行采取罕见的“双降”举措，便是针对金融稳定采取的剧烈货币扩张举措；而当汇率市场发生大波动的时候，总量宽松的政策工具开始谨慎，转而采取 PSL、SLO、MLF 等灵活的公开市场工具，说明汇率也成为中国央行考虑的重要变量之一。

通胀预期是决定货币政策的核心变量。近几年，通胀成为主要发达国家的稀缺资源，但是 2016 年以来，通胀的压力开始在美国和中国显现，因此美国加息的预期开始升温，中国的货币政策扩张也将受到较大的制约。

总的来看，在货币政策受到“米德冲突”的制约下，基础货币供给增速出现放缓迹象，也对利率造成较大的压力。

2. 信用市场决定广义货币供需

信用创造货币，而不是相反。信用的基本形式是债务，无论是信贷、非标融资，还是债券、票据融资，都将引发债务的扩张，进而在银行的负债端创造广义货币（投资者直接购买除外）。而与此同时，由信贷扩张引发的实体经济活动又会推动对广义货币的需求（非金融企业的支付、结算、各主体的储蓄活动等）。

如果实体经济活动趋弱，刚性兑付下的债务融资主要为了支付财务费用（借新还旧或者支付利息），那么所创造的广义货币将没有实体经济的商品或资本品增量相对应，广义货币的供将大于求，引发实际利率下行或通胀压力。

如果金融机构广泛介入了广义货币的创造，那么货币乘数会快速变大，这往往并不意味着货币创造能力的增加，而是基础货币的金融结算压力在增大，钱荒发生的概率也将提高。这个时候如果货币当局的基础货币供给稍有不足，将可能引发全局流动性紧张，利率的极端值可能会出现。

3. 利率波动的分析框架与观测指标

利率的短期波动主要看“待购回债券余额与超额存款准备金”这两大指标的变化，而影响这两大指标的又分别是国债、中央银行票据、政策性金融债等利率债和外汇占款、法定存准、财政存款、库存现金等。

这一分析框架和参考指标的不足之处是，没有将信用风险（包括信用债和非标的违约风险以及交易对手风险等）和心理预期重点考虑在内，比如 2013 年钱荒发生的时候，超额准备金并没有发生较大的变化，但是由于央行态度突变导致全市场心理预期变化；再比如，如果信用债发生违约造成流动性紧张，流动性最好但收益率低的利率债会首先成为被抛售的对象，这也将造成利率的突变。

4. 利率短期走势的总体判断

综合上述的分析框架，结合当前货币政策、信用周期、基础货币供需和广义货币供需情况，我们认为利率短期走势呈现 W 型，“低实际利率 + 高风险溢价”的态势短期内很难改变，在时间和空间结构上，“期限利差走低 + 信用利差升高”也将是一个常态。

三、判断当前利率走势的几个关键点

当前，很多经济现象前所未有，可能对利率的走势造成重要的影响。

1. 周期背离与资产荒

债务周期继续攀升与经济周期持续下行同时出现，导致资产荒将成为短期内很难改变的现象；尤其是2016年年初信贷飙升拉动M1增速大涨，但内生性较强的M2却基本不变，两者之间的剪刀差扩大，GDP增速仍然低迷。周期的背离会加大债务融资的“庞氏化”，降低信用风险燃点和系统脆弱性；而信用的结构性供给能力不足，会进一步导致风险溢价偏高（风险偏好的整体下移），这将导致低无风险利率与高风险溢价并存。

2. 信用分化与违约潮

整个信用体系向政府信用收敛的态势还将持续，在系统性风险可控的情况下，供给侧改革的推进会在局部领域打破刚兑，某些国有企业通过重组（比如债转股以及金蝉脱壳）“赖账”的概率会上升。6万亿元左右地方债的置换将进一步加剧债券市场的结构性变化，这种信用挤出会造成利率走势的分化：企业债、利率债走低与民营信用债走高并存。

3. 内胀外贬与降息难

通货膨胀高位不下，人民币贬值压力也在加大，在内胀外贬的双重制约下，降息的概率变小。但如果外汇占款流失进一步加大，超额储备减少，导致基础货币萎缩，那么央行除了采用短期公开市场工具，采取降准的概率会加大。

4. 外部风险与黑天鹅

美国各项数据逐渐回暖，核心通胀压力上升。同时，英国脱欧、地缘冲突等可能引发的风险会导致新的一轮避险热潮，资本外流的压力在增大。人民币保卫战下，货币市场很可能会出现极端的黑天鹅事件，因此汇率指标在一段时间内将成为判断利率走势的重要变量。

收益率曲线陡峭化与流动性陷阱

背景：2014 年第一季度以来，之前还比较平坦甚至倒挂的收益率曲线突然变得陡峭起来：短期利率不断下降并保持在低位运行，而 10 年期国债等长期利率却不断攀升至历史高位。

按照常理，收益率曲线的陡峭化蕴含着“流动性宽松 + 长期投资向好”或“廉价货币 + 通胀预期”的信号，一般表明经济开始步入平稳上行周期。但是，就当时的中国宏观经济来看，绝没有出现经济明确上行的迹象。因此，在经济下行压力巨大的情况下出现的收益率曲线陡峭化，不免显得有些诡异。

这个现象引起了许多经济学者的关注，很多人也对中国当时出现的“收益率曲线陡峭化之谜”提出了自己的见解。我们认为，在利率、汇率等资金价格的内生市场化进程不断加快且纠缠在一起的复杂局势下，当时的收益率曲线形态陡峭，主要是投资者资金资产配置偏好在经济下行和各种不确定情形下的突变，也就是投资者流动性偏好的提升和风险偏好的降低同时出现。这导致的结果就是，由去产能和去杠杆释放的存量资金和由货币市场基金形成的同业资金，会大量淤积在收益率曲线的短端，也就是囤积在货币市场端以保障流动性；而经济稳定政策下发行的长期住宅金融债、铁路建设债及通过影子银行渠道发行的平台和房地产类债务，则在收益率曲线的长端形成了巨大的供给压力，在投资者风险偏好降低的情况下拉动了长期利率的上升。所谓的“增长稳定会抬高利率中枢”，从期限维度来说所指的利率应该是长期利率。

因此我们说，这次收益率曲线的陡峭化（或者说正常化），是经济下行和各种不确定性下资金内生的防御性修复，并不是很多学者认为的央行政策取向的改变。而事实上，央行一直处于被动对冲的角色，接连采取的正回购策略，与其说是维护去杠杆去产能的政策基调，倒不如说是对商业银行提高流动性备付头寸的一次次被动交易（很多次正回购利率低于操作利率）。而对于稳定政策产生的巨额长期资金需求，如果不提高收益率水平实现流动性溢价，便很难进入商业银行的资产组合中；再考虑到之前利率升高带来的资金成本上升及资产规模增速下滑，在利润硬约束下使商业银行不得不提高对长期资金的重定价水平。而央行 2013 年采取的锁长放短的扭曲操作，更多的是通过公开市场操作在调整证券供给量上发力，并没有采取美联储式的直接购买债券的手段，这样就无法较快较好地平抑巨额的长期资金需求。如果长端利率长期居高不下，不排除央行会采取进一步的货币宽松政策。

为什么市场突然提高了流动性偏好并降低了风险偏好呢？显著的原因应该有三个：一是经过 2013 年一年的流动性波动洗礼，在货币政策前景不明朗的情况下，现金为王意识渐浓，流动性需求不断提高，金融机构开始储备流动性资产。二是经济下行压力巨大，长期投资前景不明，不良贷款不断增加，货币边际产出衰减造成的滞胀隐忧长存，导致了商业银行等金融机构开始厌恶风险。而当风险厌恶系数提高以后，也就相应地提高了风险溢价，也就相应地提高了持有长久期资产的机会成本（且长久期资产对利率风险更加敏感）。三是监管约束、存款流失乏力和资本约束形成的资金资本稀缺，束缚了商业银行风险资产的快速扩张，这也从另一个方面降低了市场的风险偏好。

流动性偏好的上升和风险偏好的下降，使我们不由得想起了一个熟悉而又令人忧虑的名词——“流动性陷阱”。所谓的“流动性陷阱”，也恰好是在预期利率降无可降、经济长期投资不明朗的情况下，货币都淤积在流动性层面的一种表现。通俗地说就是“持币观望”。看当时我国的经济金融情形，无风险利率虽然远远大于0，但是对照2013年的利率中枢水平，再考虑到“通胀稳定上限 + 利率市场化”对利率的支撑，一致性预期是利率当前实际上处于底部，未来一段时间还将步入上行周期。同时，宏观经济下行压力巨大，在信用风险和利率风险叠加下，加上债务周期的隐忧，经济长期投资确实不明朗。这样，在宏观环境上，中国实际上已经具备了发生利率非零情形下“流动性陷阱”的条件，至于会不会锁定在这个陷阱中，则要看财政政策的力度和有效性。因为，对于流动性陷阱，货币政策是基本没有效果的，这个问题凯恩斯在一百年前就已经预见到，现实中日本和美国也给出了较好的例证。

股市

——从“中国梦”资本化到泡沫“沙堆化”

◆ 汇—股之间的套利双杀形成了一个牢固的莫比斯环，意味着这种交易结构不仅仅是平面的，而且在空间（跨市）和时间（跨期）上产生了扭曲效应。

◆ 股票市场的自组织状态一旦形成，对单只股票的估值和定价就基本失去意义，因为再好的股票在沙堆坍塌的时候也会因为恐慌蔓延和流动性危机遭到错杀，这意味着单只股票已经与整个大盘连为一体。

◆ 不要企图用一个囚徒困境去解决另一个囚徒困境，也就是不要企图用（杀跌，杀跌）的紧缩均衡替代（泡沫，泡沫）的膨胀均衡。

◆ 股市繁荣对实体经济的支撑是建立在“适度泡沫”之上的，也就是理论上所谓的稳态泡沫情形，这需要连续蓬齐融资的支撑，从而在横截面条件（音乐停止）的约束下具有一定的脆弱性。

◆ 就建立宏观对冲组合来说，区分交易账户和投资账户是必要的，投资账户内可以装上“具有信用利差溢价优势的固定收益 + 承载改革故事和估值修复题材的权益类”，交易账户内可以装上“久期敏感性固定收益 + 轮动性多空组合权益类 + 保护错配收益的货币市场基金”。

如何解开汇股双杀的莫比斯环

背景：2016 年元旦刚过，贬值的“潘多拉魔盒”与熔断的“魔性磁铁”相连，迸发出巨大的威力；一瞬间 A 股市场量能和时间同时消失。而在人民币汇率离在岸市场，空头已经看出了央行让市场决定汇率水平的思路，肆意地通过反向套利来赚取离在岸的无风险价差，离岸人民币兑美元过 6.5 后势如破竹，连续攻破 6.6、6.7 两个防御关口。最大新兴经济体金融市场的动荡，引起了全球金融市场的大波动：当日，恒生—4%、道琼斯—1.5%、日经—3.3%、德国 DAX—3.9%、英国富时—3.1%，布伦特原油也跌了近 3.5%，各种恐慌指数创造峰值，全球市场哀鸿遍野，时间似乎穿越回了 2015 年黑色的夏天：A 股又一次向全球证明了其系统重要性。

如果将此形容成多空之间的一场战争，相当于空头在央行的宽松政策下轻易占据了汇市，然后以此为据点通过离在岸之间的制度空间守住阵地轻易制造空头筹码、预期和恐慌，形成对多头的“钳形攻势”。这样，“汇率贬值—重定价恐慌—人民币股票抛售—股价大跌—资本外流—汇率再贬值”的螺旋迅速形成，再加上 A 股市场不成熟的熔断机制，汇—股之间的套利双杀形成了一个牢固的莫比斯环，意味着这种交易结构不仅仅是平面的，而且在空间（跨市）和时间（跨期）上产生了扭曲效应，这样的螺旋双杀威力，不是经典的正反馈环所能比肩的（反向杠杆）。

金融，国之重器，不可不察。要避免当前的危机态势，必须向空头“亮剑”宣战，摧毁这个莫比斯环，可选的作战方法主要有七种：

1. 将股票市场建成“抗战大后方”，短期内通过政策支持、资金托底、窗口指导、预期培育等各种手法做强股市人气，提高人民币资产的综合收益率，提高股汇套利的机会成本，将资金截流在股票池；长期内，还是要通过供给侧改革提高全要素生产率来提高 A 股的价值投资功能（靠分红而不是波动带来的资本利得，是一个说起来容易做起来难的硬仗）。

2. 在外汇市场积极开展“运动战”，打击恶意做空的嚣张气焰，但不要靠外储硬碰硬打“阵地战”，主要靠游戏规则制定者的优势。因为我们的目的不是阻断人民币脱钩，而是让人民币贬值的节奏和幅度在可控范围之内，实现人民币脱钩美元的软着陆，逐步消化外储流失和汇率贬值的冲击。要知道在不形成恐慌式做空的形势下，汇率贬值让渡的空间越大，央行干预的成本和压力就相对越小（只要下滑斜率相对小）。

3. 在货币市场上建“兵工厂”，保持充足的“枪支弹药”，严格执行利率走廊，综合运用长短期货币供给工具，视套利资本的存流量情况下移利率中枢，坚守住流动性宽松的底线。事实上，内部资产价格直接取决于内部的货币环境而不是外部压力，认识到这一点，充足的货币供应是基本保障。

4. 在实体经济上加快去产能和转杠杆的节奏，通过资产证券化和债务置换、重组、信用收敛等方式，消除影子银行风险隐患，提高人民币的主权评级。

5. 在国际市场“纵横捭阖”、联吴（欧）抗魏（美），软化美元加息趋势，形成宽松的国际货币环境，降低资本套利的汇差和利差。

6. 与美联储就新的货币治理体系进行协商，要求其履行世界货币的责任，共同面对美元的新特里芬难题和人民币汇率的脱钩难题，从后方削弱空头反向套利自信与意志，帮助人民币汇率尽快软性探底。

7. 加快"一带一路"建设，逐步将功能区拓展为货币区，鼓励产能型企业跨国经营，以此为实体基础形成人民币集团，提高离岸人民币的货币需求。

总之，解除汇股双跌的莫比斯环是个系统性战役，要做强股票市场这个"大后方"，在汇率市场开展"运动战"，在货币市场上建"兵工厂"，在实体经济缓释风险，然后在外部"纵横捭阖"，既联欧抗美又要与美勾兑；建立人民币货币区，形成自己的货币集团等。依靠这些，当前股汇双跌的难题，不仅可解，还有可能迎来一波做多 A 股的交易行情。

沙堆模型、自组织临界与股市脆弱性

背景：2015 年 6 月，中国股市发生了前所未有的大波动。其中内在的机理，可以用沙堆模型和自组织原理进行解释。

一、沙堆模型告诉了我们什么

沙堆模型描述的是，随着沙子的不断累积，沙堆会抵达一种临界状态，这个状态下沙堆中的所有沙子会变成一个联系紧密、休戚与共、一体化的自组织（突变为复杂系统），其中任何一粒沙子的变化或者沙子数目的增减，都可能引起整个沙堆的巨大变化。这个变动有的是局部的，有的则是整个沙堆系统性的坍塌。

科学家深入研究了沙堆模型的自组织临界状态，发现了三个主要观察结果：一是当沙堆突破自组织临界值，由于所有的沙子一体化为一个整体，任何一粒沙子的变化都会影响到其他沙子的命运，因此即使没有外界干扰，这种自组织状态下的沙堆也具有较强的、内生性的脆弱性。二是外生扰动只是一个导火线，主要的原因还是内生结构的复杂性及一体化，否则局部的扰动不会造成整体的崩溃。证明此结论的实验观察结果是，在自组织临界前后，相同的外生扰动造成的后果完全不同：临界之前抗干扰能力较强，临界之后一个小小的外生扰动就会导致全面崩溃。三是自组织临界点具有不可预测性，因此沙堆崩溃的时间点也具有不可预测性，但坍塌的大小与发生的次数却呈现幂函数关系，规模越大的坍塌发生的次数越小。

二、沙堆模型在金融危机研究中的应用

科学家将沙堆模型应用于自然灾害的研究中，比如洪灾和地震。也有经济学家将沙堆模型应用到经济危机研究中，发现当经济体系演变为一种复杂系统后，也具有较强的自组织临界性，由于投资乘数和财务杠杆的存在，经济的演进总是一种正反馈的过程（经济繁荣是向上的正反馈，经济萧条则是向下的正反馈，有些学者误用了负反馈），当超过一个临界值（比如明斯基时刻），整个经济体系的共生性和脆弱性就因为自组织的形成突增，一旦发生全面坍塌，如果没有政府应急政策的救助，就可能造成全面崩溃。

金融市场尤其是股票市场也具有沙堆模型的自组织和脆弱性特征，表现在：第一，当股票价格上升到一定程度，也可能会抵达一种自组织临界状态，在这种状态下任何一只股票的价格都与整个系统的状态紧密相连，每只股票的贝塔值发生突变式提高，即便是自我定价能力再高的价值型蓝筹，也会在整个系统性变化中失去独立性（覆巢之下安有完卵）。第二，股票市场的突变看似都来自于外生冲击（主要是监管和货币政策），但我们发现在自组织临界之前旨在压制泡沫的监管政策就一直存在，但并没形成系统性的沙堆崩溃，只有超过自组织临界值，股市泡沫才会产生“一棵稻草压死骆驼”的全面崩溃，可见外因需要通过内因发生实质性作用。第三，无法或者很难预测股市泡沫破灭的具体时间点，因为有些坍塌是局部性的或者暂时性的，我们只能提供一个发生区间，但是没法给出一个精准的预测。因此我们观察到，在股市大崩溃之前，会有几次风声鹤唳的小坍塌，但基本都安全无虞地渡过，这也降低了投资者对大崩溃真正来临时

的警惕性。第四，崩溃的规模与次数之间也可能是幂函数关系（有学者进行过实证研究），即崩溃规模的大小与次数是反比关系，崩溃的规模越大，发生的频率就越低。

三、用沙堆模型来解释本次股市波动

中国的股市波动具有明显的沙堆模型自组织特点，表现在：第一，随着股票价格的不断上涨，零和博弈的格局不断强化，投资者的投资收益不再来自于股票红利本身，而是来自于其他人的策略，这样单只股票的价格越来越受到整个大盘指数的制约，等候别人改变策略，自己提前逃离的自组织状态越来越强，整个股票市场成为一个脆弱的复杂整体。所谓风声鹤唳草木皆兵，投资者处于博傻状态，单只股票失去定价独立性（当系统崩溃，再有价值的股票都有可能被错杀），一旦形成坍塌趋势就会进入（杀跌，杀跌）的集体囚徒困境，《股市泡沫与纳什均衡》探讨了这个问题。第二，双杠杆（现货融资 + 期货杠杆）下螺旋所形成的正反馈，会加速自组织临界状态的形成及全面的系统性崩溃。数据表明，在股市波动发生之前，股票市场的融资配资额占整个成交额的三分之一以上（场内占比近20%，场外可能在 10% 以上），远高于美国水平，这还没考虑期货市场的杠杆。双杠杆交易带来的脆弱性体现在两个方面：一个是股价下跌和强制平仓之间形成一个强烈的正反馈，当股价下跌到平仓线，场内外融资机构会不计代价地将其持仓的股票抛售，这又进一步引起股价下跌，以及随之而来的强制平仓，在这种连环反应下，股票价格呈现出离散函数的特征，即中间没有任何集合竞价，直接跌停开盘；另一个是现货市场和期货市场的双杠杆迭杀即将股指期货高杠杆做空形成的超额收益在现货市场低价吸筹，然后在第二天在现货市场上抛售以进一步保证期货市场的高杠杆收益；

这个迭杀部分原因来自于现货市场的杠杆率远低于期货市场的杠杆率，且在交易方面现货 T+1，期货 T+0，期货的流动性能力强，这个制度性缺陷对现货市场极为不利。第三，很难对股票市场的自组织临界值及崩溃时点进行精准预测，因为中间出现的局部性坍塌让投资者丧失了警惕性。换句话说，如果投资者都能精准预测到临界点并进行投资策略的改变，那么自组织临界值就不可能形成，这是以交互博弈形成的复杂系统的一个自我实现悖论。

四、启示和建议

用沙堆模型来理解股票市场至关重要。对投资者来说，股票市场的自组织状态一旦形成，对单只股票的估值和定价（比如 DCM 定价模型和 CAPM 定价模型）就基本失去意义，因为再好的股票在沙堆坍塌的时候也会因为恐慌蔓延和流动性危机遭到错杀，除非有来自外部的做多干预，这意味着单只股票已经与整个大盘连为一体。认识到这一点，投资者应该树立系统性风险的意识，不要产生“自己的股票有投资价值能置身系统风险之外”的错觉。另外，不要试图去精准预测自组织临界值，在某个区间内就应该做好应对沙堆坍塌的准备，即使面对阶段性踏空和割肉减仓的压力。

对监管部门来说，时刻关注股票市场的交易状态，通过制度手段降低股票市场自组织临界的形成概率。由于预测股票市场崩溃拐点和预测地震一样具有极高的难度，建议监管部门应该在灾后救助和重建方面做更多的工作，制定系统性的应急预案，一旦股票市场发生沙堆坍塌，应该果断进行救助，尽可能地将损失降到最低。在事前防灾方面，要倡导价值投资，使价值型股票获得更好的定价优势，防止出现自我强化式的泡沫膨胀，并最终形成自组织状态。

股市泡沫与纳什均衡：音乐停止后我们仍是囚徒

背景：自2014年下半年到2015年上半年，中国股票市场进入一个波动中上涨然后快速上涨的“快牛”行情。然而，在这个轰轰烈烈的行情背后，暗藏着隐忧。本文写于2015年5月，中国股市大波动来临之前。

单单从经济学思想来看，纳什的重要贡献是提醒主流经济学家们在分析经济行为时，应该将对手的利益和想法考虑在内，只有一组策略或者价格实现了双方的目标函数最优时，才会形成稳定的均衡。这样看上去如此简单的道理，当时占主流的新古典经济学家们却长期没有意识到，他们的分析范式更倾向于去对手化（寡头市场除外）。也就是在一个完全竞争市场里，“无形之手”冥冥之中自有安排，每个厂商和消费者都只是价格的接受者（价格是外生变量），其最优生产和消费决策只按照自己的利润和效用最大化制定就行，不需要也没有必要去在乎其他人的行为。

新古典经济学的这种主张在股票市场上的体现就是法玛提出的“有效市场假说”，他认为在完全有效的市场中，价格这只“无形之手”已经将所有的信息包含在内，投资者不需要再劳神费力去猜测其他投资者是看涨还是看多及庄家的行为等等，即使猜测也没有用，因为价格已经反映了一切，投资者赚的只能是股息分红而非资本利得，除非发生引起重定价的每股收益变化。但这一理论显然与现实不符，实证研究已经证明大部分股票市场都是弱有效市场，这样才能产生足够的套利机会。与此同时，纳什和海萨尼等大师们不断丰富博弈论的概念和工具，博弈由简单的静态完全信息博弈向动态非完全信息博弈发展，尤其是海萨尼在1967年到1968年发表的关于不完全信息博弈问题的三篇论文中，注意到了参与人相互猜测在博弈中的重要作用，也就是“知道对手知道我知道什么（信念）”对最终的纳什均衡至关重要，这种均衡称为精炼贝叶斯均衡。动态非完全信息博弈的发展，开始将博弈论的理论思想和分析工具应用到金融市场中，比如拉丰和马斯金在1990年就运用动态非完全信息博弈模型分析了大户和散户之间的交易博弈，求出了在大户知情和散户不知情下双方的精炼贝叶斯均衡策略。在这一分析框架下，股票的最终价格便是交易双方最终形成的一组纳什均衡（策略可以简化为“时、量、价”）。

纳什均衡也能解释股市泡沫的存在及其稳定性。股市泡沫实际上就是一种“囚徒困境”——每个人都知道泡沫的不利后果，但每个人都选择去参与这个市场享受泡沫。这就像两个囚徒都知道双方最好的策略应该是联合起来都不坦白，但最终的结果却是双方都乖乖地坦白。在静态完全信息博弈的条件下，股市泡沫的形成过程就是一个不断强化的囚徒困境正反馈过程：交易者知道选择泡沫也是其他交易者的占优策略，那么他的占优策略肯定也是泡沫，于是（泡沫，泡沫）成为本次博弈的最终纳什均衡解。进一步来看，在动态博弈的条件下，如果泡沫真的自我实现，丰厚的收益会让交易双方继续选择泡沫为占优策略，于是（泡沫，泡沫）继续成为最终的纳什均衡解，而（泡沫，拒绝泡沫）并不是纳什均衡，因为选择“拒绝泡沫”的交易者的收益会相对受损（踏空），因此不构成占优策略。对社会长期发展有利的策略（拒绝泡沫，拒绝泡沫）也不是纳什均衡，因为在考虑对手占优策略的情形下，博弈双方都不会选择这组策略，如同囚犯不会选择（不坦白，不坦白）这组策略。如果这种博弈在整个市场弥漫，那就形成所谓的“羊群效应”，或者席勒所说的“非理性繁荣”。但问题的根本是，每个人都知道这是疯狂的，但每个人都选择了疯狂，因为你不去享受这种疯狂，你将付出较大的机会成本，这对一个追求利益最大化的理性人来说显然是难以忍受的。因此在三百多年前的约翰·劳泡沫中，当股票涨了近 50 倍时，有位自称清醒且耻于与赌徒为伍的人士大骂泡沫的罪恶，但第二天早上人们发现他第一个排队到交易所买这只疯狂的股票。这只股票最终涨到约 70 倍后破灭，间接造成了几十年后的法国大革命（马克思认为约翰·劳造成的货币混乱是法国大革命的直接原因）。

但是，问题来了，股票市场毕竟不是简单的静态完全信息博弈，而是复杂的动态非完全信息博弈，而且博弈的结构也纵横交错异常复杂，散户与机构之间、机构与机构之间、投资者与投机者之间、投资者与监管部门之间等不同维度区分的博弈对手都存在动态博弈，形成了异质性信念（不同的贝叶斯空间）、混合策略（概率和不确定性）和多重均衡（泡沫和非泡沫都是可能的）的合流。在这种非线性、不确定性和复杂性面前，不会形成唯一、稳定和具有收敛性质的纳什均衡，而是一组组复杂交织的精炼贝叶斯均衡：最终形成的纳什均衡不仅取决于自己所拥有的信息，还取决于对他人贝叶斯信念的猜测，也就是“知道别人知道什么”，以及别人对自己想法的猜测，也就是“知道别人知道自己什么”，这被称为高阶信念。在这种情境下，纳什均衡形成的股市泡沫实际上具有内在不稳定性，一旦泡沫的预期无法持续自我实现，且交易者认为对手的交易策略也发生反转，那么（做空，做空）可能成为整个市场的共同知识，最终强化为新的纳什均衡。这一演变过程可能是从单一泡沫均衡（持续上涨），转变为多重均衡（震荡横盘），最终演变为单一的泡沫破灭均衡，此时看谁跑得快成为理性投资者的占优策略。这个时候即使盲目抛售并不是社会福利的最优解，个体的理性自利追求也会选择这个新的囚徒困境。这种例子在历史上比比皆是，因此某首席经济学家才感叹：最大的危险来自于共识。

股市泡沫持续到什么时候？从博弈论的框架来看取决于两方面：一是取决于投资者看多泡沫的信念，而这一信念也取决于认为他人也看多的预期（市场上流行的“享受泡沫”）；二是取决于实现泡沫预期的金融条件，比如公司基本面的改善、持续新增资金和股票供需结构稳定等。一旦宽松的金融条件（如名义利率持续低于自然利率）与对手间看多信念达成共识，那么就会形成持续的精炼贝叶斯均衡：t-1 期的价格上涨成为 t 期价格预期的条件概率，从而不断自我强化形成稳定的精炼贝叶斯均衡，也就是所谓的稳态泡沫。但是当泡沫的快速膨胀超过资金预算约束曲线的外移速度，或者超过监管部门的底线（比如征印花税），或者发生突发事件（比如 2007 年的次贷危机），纳什均衡就可能发生迁移，（杀跌，杀跌）就会形成新的精炼贝叶斯均衡，新的囚徒困境就会出现。

然而，没有不散的筵席，音乐总有终止的时刻。如何走出疯狂泡沫的囚徒困境？如果我是纳什，我的建议是：不要企图用一个囚徒困境去解决另一个囚徒困境，也就是不要企图用（杀跌，杀跌）的紧缩均衡替代（泡沫，泡沫）的膨胀均衡。说得再直接一点就是，不要用刺破泡沫的方式来去泡沫，而是用填充泡沫的方式来做实泡沫，也就是抓住牛市产生的改革时间窗口，切实提高成长型企业的技术创新和业绩改善的能力，让投资者真正感受到投资的价值回报，在全社会形成（投资，投资）的纳什均衡。否则，在如此疯狂的股市泡沫面前，当音乐终止的时候，每个人都会是新的囚徒。

理解股票市场的理性泡沫均衡

背景：2015年第一季度，中国GDP增长率在创下6年新低的同时，上证指数却再创7年新高。这种“经济通缩、股票通胀”的分化现象让人感到不解。

面对下行的经济周期和上涨的股票市场，一种观点认为不断探底的实体经济不足以支撑股票市场的繁荣，股价泡沫化现象严重，尤其是中小板和创业板已经到了非常危险的地步。我们认为，在实体经济举步维艰的形势下，“适度”的股市泡沫对我国培育新生力量、开启新周期具有较为积极的作用；过度的、建立在高杠杆和高频博弈上的泡沫则是危险的，泡沫的稳态性和收敛性取决于改革预期的动态实现。进一步来看，适度的股市泡沫在经济新常态下可能有以下意义：

1. 为实体经济提供“下行周期型”的融资模式。投资拉动经济高速增长的时期，银行信贷是主要的融资方式（有资产和土地做抵押），导致长期以来商业银行的业务模式和风险偏好都是“上行周期型”的，缺乏经济下行下的风险洗礼和市场感觉。比如基于经济持续上行假设下的中小企业“联保贷”，一旦经济下行，不但会失去原来的集群增信功能，还会放大风险传染和暴露程度。经济进入新常态以来，增速呈台阶式下行，让仍然以“上行周期型”模式为主的商业银行措手不及，转型滞后导致没有快速形成“下行周期型”的风险管理技术和业务开拓能力，对民营企业授信的过度谨慎加重了实体经济尤其是中小企业“融资难、融资贵”的问题。因此，在商业银行只能“锦上添花”没法“雪中送炭”的情况下，发展、盘活资本市场尤其是股票市场就至关重要，因为直接融资较间接融资在一定程度上更适合下行周期：一是股权在期限上更具有跨周期性，股权有较大的时间容忍度来追求长周期回报，因此能够超越下行周期的单阶段约束来面向新周期提供融资；二是股权更注重成长、注重预期和边际上的改善，这与看重存量和历史财务状况的商业银行相比，更有利于满足经济下行周期下中小企业的融资需求；三是通过市场来分散风险，用分散决策形成的公允价值来提供更加准确的风险定价，防止间接融资下的风险集中暴露导致的系统性问题。这样，适度的股市泡沫通过提升市盈率和市净率的容忍度，降低潜在新周期力量的融资和培育成本。

2. 为改革闯关和创新试错提供自由现金流。改革是一个闯关冒险的过程，经济结构调整要求的去产能会压低增长中枢提高经济失速风险，去杠杆和破刚兑则会带来系统性金融风险，如何对冲和缓释改革闯关风险是顶层设计者必须面临的问题。另外，宏观制度层面的改革闯关映射到微观上则是企业家的技术创新和模式变革，而创新和变革则又是一个试错的过程，如果没有一套风险退出和价值实现机制让企业家专心搞创新，那么也会压抑万众创新和大众创业的热情。对于这两大难题，股票市场的繁荣无疑是一个非常好的解决思路。股票市场可以以最小的交易成本推动产权改革，为并购提供标准化的产权交易市场，在这个市场里完全按照公允价值来对价交易，大大降低了场外并购的信息、谈判和定价等成本。股票市场还可以快速敏感地传递改革信号，为某个领域的改革迅速动员和集聚社会资金，比如顶层设计一旦传递某个领域的改革信息，股票市场上该板块就会有较好的表现，这体现的就是一种社会资金的动员效率。对于微观面的企业家来说，股权融资由于是对剩余索取权的终极追求，较银行信贷资金更能够容忍和承担新技术和新模式的试错，更有利于建立一种风险投资与创新资本共生的新型产融关系。当前我们看到创业板出现了过快的上涨，泡沫化现象很明显，但是面对未知的新技术和新模式领域，如果没有充沛的自由现金流来对冲亏损，一些需要大资金投入、长时间坚持的发明创新就难以为继。二级市场的活跃和繁荣，可以通过托宾 Q 效应来提高一级市场的“供血”能力，从而为微观企业创新转型，为宏观上开启中国的康德拉季耶夫周期创造条件。

3. 通过财产性收入来对冲工资性收入的下降，并有利于建立消费驱动型的增长模式。经济新常态下的实体经济的通缩，会造成失业率的上升和实际可支配收入的下降（名义工资可能表现为刚性滞胀，但减去通胀后就出现下降）。股市的适度泡沫一方面可以通过资本市场相关产业链提高就业率（2014 年新成立的私募、资管公司、投资公司等与资本市场相关的金融机构新吸纳了上百万的就业人群），另一方面提高了投资者的收益，在工资收入不振的情况下增加了财产性收入（即使存在马太效应，中小散户仍然获得了可观的收益）。而财产性收入的提高也会通过财富效应来提升消费水平，这在美国 QE 期间表现非常明显。但需要注意的是，股市繁荣的财富效应对消费水平的提升可能存在时滞，另外股市风险溢价的降低也有可能吸引消费基金造成短期内对消费的压抑。

最后需要再强调一下，股市繁荣对实体经济的支撑是建立在“适度泡沫”之上，也就是理论上所谓的稳态泡沫情形，这又需要连续蓬齐融资的支撑，从而在横截面条件（音乐停止）的约束下具有一定的脆弱性。如果一旦折现在股票价格中的预期收益在给定的时间窗口内落空，连续蓬齐融资流（现在大约是年化 8% ~ 10% 的成本）就会遭到系统性破坏，明斯基时刻就会出现。换个角度说，我们不能让虚拟经济对实体经济的“吸血效应”超过“输血效应”，让主力资金一直流连于二级市场的投机利得、高频博弈和财富再分配，出现资本市场与实体经济争夺资金的逆向虹吸现象，而是应该将适度的“泡沫”奖励给引导创新浪潮的技术人才和新兴企业家，为他们的技术和模式创新，为新生力量的成长提供充沛的自由现金流，这样才能真正开启中国的康德拉季耶夫周期。

新常态下的大类资产配置

背景：2014 年中国经济进入“新常态”，增长方式面临巨大的变化，这对大类资产配置提出了新的思路和逻辑。

经济新常态不能说是简单的周期性轮回，其中含有更深的模式变迁和路径跳跃。虽然路径依赖形成的结构刚性仍然很强，但是旧模式的自我破坏和市场内生的出清冲动，加上外生干预力量的自省和衰弱，正在无形间推动整个经济体系进入一个陌生的场景。在这个场景下，经济总量正快速减速，依赖产业要逐步升级，驱动力量要进行转换。这种史无前例的大变迁，放到中国经济增长史的任何一个时间点都无参照和经验可循。因此，经济新常态无论在宏观层面还是微观层面，都需要新思维来解构和重塑，而投资者首先需要解决的则是：如何在新的历史场景下设定投资方向、风险偏好、资产配置及对不确定性的对冲策略。这个问题无论是对个人投资者，还是对机构投资者，都是无法回避的。

面对这样宏大的场景变换，投资者必须要寻找相应的金融映射，拨动美林时钟以精确表述“新常态时刻”。对于这一时刻，投资者表述得越准确、越精细、越富有张力和想象力，资产摆布和腾挪带来的收益就越强，再加上具有前瞻性的资产负债管理设定敏感性和久期缺口，在合适的杠杆率下审慎的风险管理锁定损失限额和在险价值，整个大类资产配置的逻辑图景就呼之欲出。但问题来了，如何在看似史无前例的“新常态”下确定大类资产的配置策略，包括但不限于：在无风险资产与风险资产之间、固定收益和权益类资产之间、结构性与非结构性资产之间作出选择；在大类资产的组合里还要寻找可以反映新常态收益和风险特征的匹配产品，以及在大类资产配置背后的杠杆率设定、资产负债管理模型、风险限额的设定及缓释手段等技术性支持。这一系列问题，无法完全从美林时钟和宏观对冲策略中找到答案。在这种复杂性面前，如果寻找一个完整的表述，我们愿意尝试一下更加抽象性的解决思路。

如果说要在新常态图景解构下建立宏观对冲组合，首先应该区分新常态下的确定性和非确定性因素。迄今为止我们只有一个宏观变量是确定无疑的，那就是经济增长中枢的下移（包含在新常态应有之义之中），这一下移对资产配置造成的最大的影响是利率中枢的下移（衰退型宽松），与之形成的对冲资产当然是固定收益类，这是催生债券大牛市的根本原因。但是，这两大变量的确定性下移，给风险资产价格带来的却是不确定性。因为资产现值定价法的简单逻辑是对预期净现金流在即期收益率下的折现，这两大变量的下移带来了分子分母的同时下降，最终的结果取决于两者下移的程度对比。如果紧缩的非预期程度高于货币宽松的非预期程度，加上货币乘数的坍缩，风险资产价格底部将会下移；反之则反之。注意，我们在这里提到的是非预期，而不是预期本身或真实变量本身，是为了说明预期在风险定价中的作用。

另一个思路建立在交易对手的角度。教科书上的资本资产定价理论最大的问题就是忽略了交易对手的存在，假设如果市场上所有的投资者都按照同一个资本资产定价模型来定价，那么就产生了强烈的同质性信念，这样形成的后果就是市场的单边化，导致交易为零或者行情的大幅震荡。比如对冲基金同质化的量化模型，在每一次买入或者卖出信号来临的时候会发出一样的下单指令，这就助推了上涨过度和下跌过度，也是近几次金融危机形成的主要原因之一。与理论模型不同的是，资产价格总会上涨或者下跌到一定的区间内，形成多空的分歧和异质性信念。这种市场独有的价格动态调整，会短时间内快速消化逐渐明晰的消息和预期，而达到一个充满不确定性的短期波动行情。也就是说，市场本身具有内在的消化确定性的冲动，然后将不确定性剥离出来留给投资者去纠结和试错。比如，财务指标优异、故事演绎精彩的好企业，往往还没等大多数投资者反应过来，价格就已经冲上了充满多空对峙的历史高位。这里面应该有效市场假说的逻辑在里面，而市场的有效性，必须要有分歧的存在及快速出清的机制安排，价格本身就是供需或者多空力量形成均衡的结果。站在交易对手的角度去配置大类资产，可以更好地理解群体行为的金融后果，在市场价格消化掉所有的确定性之前，赚取应得的系统性“阿尔法”收益，然后在多空力量的对峙中赚取交易性收入。基于这个逻辑和视角，我们就可以将大类资产的静态配置动态化，通过设定某些指标探测交易对手的结构和策略，从而在锁定收益之前及时调整各类资产的比例。在发生结构性大规模变动的新常态环境中，理解交易对手或者群体信念，不仅不是多余的而且是必需的。

当对生产函数或者长周期的不确定性都被市场消化完毕，剩下的就是对定价适度和政策层行为的判断。也就是，政策层逆周期的宽松力度是否会超过经济内生的紧缩程度，以及改革和结构调整的力度，是否会超过投资者群体的预期，这对大类资产配置组合的选择，以及期限结构的调整都至关重要。改革是个长期投入，因此需要长期跟踪改革外部环境参数的变化以及改革主体的内在动力。就金融改革的层面，当前需要注意两点：一是货币政策对增长风险的容忍度，当前来看各项参数已经表明新的一轮宽松政策或许已经开启；二是刚性兑付的打破和风险的合理定价，我们判断由于各类风险几乎到了积重难返的程度，除了大型的影响到系统性稳定的债务项目，一般的风险暴露可能会逐渐由投资者自担。这两者加起来，对于固定收益类产品尤其是利率债是个中期利好，但对信用债意味着较大的挑战。而权益类市场，我们需要拿出更多的精力来考量国家意志，我们无法想象一个致力于长期增长动力结构转换或者供给管理的政府会放弃资本市场。

综合上述逻辑和判断，在变幻莫测的经济新常态环境下，给出一个模板式的大类资产配置组合是教条主义。但仅仅就建立宏观对冲组合来说，区分交易账户和投资账户也是必要的，投资账户内可以装上“具有信用利差溢价优势的固定收益 + 承载改革故事和估值修复题材的权益类”，交易账户内可以装上“久期敏感性固定收益 + 轮动性多空组合权益类 + 保护错配收益的货币市场基金”。总而言之，在经济新常态的大背景下，能够保护现金流和体现改革风险与收益相匹配的轻资产组合，应该是大类资产配置的总体思路。

房市
——国家经济稳定器与金融加速器

◆ 房价快速下跌带来的不仅仅是土地财政危机，还关乎整个国家的资产负债表安全。国内外金融环境的复杂性，正在大大缩短政策周期和提高政策干预的难度，政策失灵发生的概率也在逐渐变大。

◆“增速换挡 + 债务触顶”的新常态特征与房地产业这一引擎熄火有直接关系。

◆ 中国的房价函数极其复杂，绝非单一变量所能影响，既有人口结构、财富仓储等需求端因素，又有财税制度、调控政策等供给端因素，因此房价的走向取决于一系列变量之间的力量对比和动态权衡。

逃不开的政策周期：房价走廊的宏观运行逻辑

背景： 2016年，在经历了一段时间的单边飙升后，史无前例的严厉政策在各城市竞相出台，“政策无用论”“泡沫崩溃论”“房汇两难论”等同时出现，房价走势似乎又走到了一个十字路口面前。

一、政策调控是房价拐点的触发器

按照以往的经验，政策进入紧缩周期后，房地产市场会进入一个“量缩—滞胀—僵持—价缩”的变化过程。华融证券的研究表明，政策调控是房价的真正拐点。

二、需求端分析：房地产的信用合成属性与金融加速器

若探究本次一二线城市房价狂涨的原因，我们需要注意房地产需求端和供给端两个层面。在需求端，房地产“消费+投资”的双重需求属性基本都被人熟知，但其“财政+抵押”的信用合成属性却较少被人重视。而恰恰是这种属性，是当前资产荒环境下房价内生性上涨的核心原因。简单地说，房价上涨全面提升了居民、企业、政府和银行的信用能力，而信用扩张导致的货币购买力提升，又进一步加速了房价的上涨，这是金融加速机制中典型的正反馈效应。

理解到这一层，我们就可以对货币和房地产之间的关系有一个清晰的

了解。一方面，货币超发和利率下移推动了房价上涨，另一方面围绕房地产产生的信贷资产又创造了货币（信贷资产的负债方是广义货币），因此两者是一个“……价格—信用—货币—价格……”的闭环系统。在以商业银行为主导的融资市场里，银行信贷既是动因，又是结果，即房地产背书信用推动信贷扩张，信贷满足房地产交易的货币需求。所以，那些房地产“货币池”理论的认识是片面的——房地产不仅吸纳了货币，还创造了货币，而且在高杠杆情况下，房地产创造的货币大于吸纳的货币（广义货币的内生性）。

进一步，在这个框架内也可以理解房价与汇率之间的关系。汇市与房市之间，靠央行—商行资产负债表关联，因此两者不是直接的资产配置轮动关系；类似在两个池子之间，还有一个广义货币池子（央行负债 + 商行负债）进行调节。由此形成的价格传导机制是：汇率—利率（流动性）—房价。在货币政策层面上，央行可以在松弛的货币约束条件内进行调节（不明显触碰中美利差或 ROE 差）。一旦货币条件束紧，央行必须用外汇储备干预，央行如果不增加其他资产顶住缩表压力，那么货币池水位就会下降，利率中枢将上移，对房价的内生上涨将造成巨大的压制。但好在除了央行，除了基础货币，还有商业银行创造的广义货币作为补充。数据显示，在央行货币池出现下降的情况下，商业银行信贷扩张带来的广义货币即使从总体水位上稳住了“池子”，但这带来的，可能是更大的信用和流动性风险隐患。

三、供给端分析：强大的政府控制力产生政策周期

在供给端，“政府 + 银行 + 房地产商”的生产组合，形成了土地市场、信贷市场和房地产市场的三角价值链，政策供给者政府可以通过控制上游

的土地市场（土地供给和制造地王）和信贷市场（控制首付、信贷利率及公积金）来直接影响到下游的房地产市场。通过这三大市场，土地市场攫取超级租金，实现土地财政化，而这个财政化又带有资本化的性质，因为所收取的土地转让收入，可以看作当地居民和企业未来财政支付现金流的折现；信贷市场提供房地产贷款，实现人力资本化（按揭贷款由劳动收入流覆盖），并间接助推财政货币化；房地产市场则是实现财政、信用和财富三大价值的终端，政府仍然可以通过限购等计划经济方式进行调节。

由此看来，在局部均衡视角下，政府对房地产整个价值链的控制变量之多、之强，是其他领域所不能比拟的，因此政府对房价的控制力之强大也是别的领域无法比拟的。从财政收入和土地供应来看，在当前财政压力下推出房地产去库存政策，部分原因是为了解决财政之困。数据显示，当财政收入压力较大时，土地供应和信贷条件就会出现较大的放松。同时我们也看到，当房地产销售额下滑的时候，财政收入也会明显下滑。

当房价上升到一定程度，将会触发一系列约束条件：第一，购买力及信用承载能力，购买力和信用能力增长远远跟不上房价的指数级上涨速度，这是内生约束；第二，宏观审慎监管红线，房地产价格是一个重要考量因素，房价的过快上涨会削弱金融稳定性；第三，国际信用评估条件，无论是主权评级还是SDR成员身份的货币环境要求，都无法容忍中国疯狂的房价上涨，这会严重影响中国的金融形象；第四，对经济长期增长动力结构的扭曲以及社会稳定问题，房地产导致的要素定价扭曲而带来的全产业房地产化，是长期以来显而易见的问题。当这些条件变紧的时候，房价政策将迎来拐点。

因此，房价在一个政策走廊内运行，上有宏观审慎要求和国际金融稳定评估压力封顶，下有财政赤字和国家资产负债表安全保底，当房价触顶或触底的时候，相应的“稳定”政策将会迎来拐点，这是房地产政策周期的基本运行逻辑。需要注意到，由于本次房价上涨速度过快，整个政策周期正在变短、波幅正在变大（超调）。

四、未来走势：警惕政策失灵风险

对于未来的房价走势，我们认为政策拐点正在诱发房价拐点，期间应该会有一定的反应时滞来消化上涨预期，但随着约束条件的进一步束紧，杠杆的时间成本上升，投机盘抛压增大，房价可能会盘整后向下。但由于房价快速下跌带来的不仅仅是土地财政危机，还关乎整个国家的资产负债表安全，因此稳定政策又会出台。只是，国内外金融环境的复杂性，正在大大缩短政策周期和提高政策干预的难度，政策失灵发生的概率也在逐渐变大。

从“过街老鼠”到“救命稻草”——评房地产政策

背景：作为事关国计民生的支柱产业房地产业，在中国却处于十分尴尬的处境，有时是拯救经济于危难之中的“救命稻草”，如20世纪90年代初和2009年前后；有时又是产生诸多问题人人喊打的“过街老鼠”，甚至有人称它为产业经济的毒品，“房地产废方百业兴”，这样的骇人论调，恐怕只有在中国的特殊发展阶段才能听得到。

广义房地产业（房地产+建筑业）对经济的推动作用非常明显，尤其是对中国这样的快速发展国家来说。有学者测算中国的房地产业过去十几年对GDP增长率贡献了三分之一以上（弹性），对地方财政收入贡献了40%以上。房地产业在过去十几年的经济增长中一直扮演着主力军的角色，因此其兴衰直接决定了宏观经济的阴晴圆缺。可以毫不夸张地说，当前“增速换挡+债务触顶”的新常态特征与房地产业这一引擎熄火有直接关系。但为什么如此重要的产业在中国的处境却如此尴尬呢？我们认为主要有以下三大原因：

1. 政策异化。房地产作为事关国计民生的支柱产业，应该有其长远的发展规划和良性的产业循环机制，但我们看到每次房地产业的发展都似乎异化为经济下行期的经济稳定政策，在每次经济增长失速的时候，房地产业才临危受命并得到猛药刺激，比如利率打折，首付下降，有时甚至给予补贴。在中国特有的发展经济学大框架下，房地产的这种政策基因就决定了其未来的产业命运较为尴尬。

2. 属性异化。在中国的城镇化及财富增长的大背景下，房地产不仅是一种不动产消费和投资，在城乡二元体制的裂痕下还承担了社会定位和价值符号的职能，外来者要获得城市户口和社区认同，甚至要获得婚姻、组建家庭和后代教育等权利，都必须购买房产。可以说，原本简单的房地产在中国特有的阶段得到了极大的价值升华，除了居住和投资这双重属性外，还拥有了转型期特有的社会属性。

3. 财政异化。房地产的发展与土地政策的变革分不开，当住房商品化和货币化的大潮开启，分税制背景下的地方政府也获得了另一项收益极高但又可以被迅速透支的财政收益权——土地转让金，并以此为现金流支撑获得了抵押融资便利。于是，以土地为核心要素，地方政府的财政收入和资产负债表都实现了快速扩张，房地产业也成了地方财政收入和融资的最主要来源。

这三重异化的后果导致了中国的房地产业在发展过程中表现出了特有的尴尬现象；政策异化使短期经济稳定政策取代了长远发展机制，属性异化造成了有房者和无房者、投资者和刚需者的社会隔阂和对立，财政异化扭曲了地方政府的财税体制并造成了财政收入的不稳定隐患。在去产能、去杠杆和结构调整的经济新常态下，经济增长失速并有加速下行超预期的风险，在这种情况下房地产又以“救命稻草”的角色出现，我们认为效果虽有但不会太明显：

1. 当前的房地产低迷主要是内生的周期原因。房地产的一个上行周期大约为15—20年，考虑到中国特有的城镇化阶段和人口年龄结构变迁，最近几年正处于拐点阶段。住房率、人均住房面积等指标也都显示，中国的房地产供给总量基本临近顶点，在短期内也面临着较大的去库存压力。

2. 投资者的大类资产配置取向不会立即改变。投资性住房需求对推动房地产繁荣至关重要，但自2014年资本市场步入繁荣周期以来，人们的投资偏好更加偏重于流动性高、赚钱效应明显的股票、基金、债券和结构性理财产品，这也是新常态改革预期下宏观经济结构调整在微观大类资产配置上的映射。

3. 政策实施的关键要看商业银行。房产新政虽然降低了二套房首付，但是在当前偏紧的资金环境下，商业银行对住房按揭业务的热情有多少还未可知。尤其是最近利率市场化渐行渐近，银行存贷利差快速收窄，利润压力不断增大，在这种情况下，定价低、久期长的住房按揭业务可能对银行的吸引力并不高，这会大大降低此次政策的实施效果。

4. 降低交易环节成本是正确方向。对房地产这样大体量的产业来说，盘活存量提高资金和资产周转率至关重要。降低二手房营业税免征锁定年限，可以活跃二手房市场，降低存量房处置成本和交易周期，适合当前我国住房市场发展现状，对于提高居民财产性收入（卖房变现，利好股市），推动住房消费升级（卖旧房买新房）优化住房市场结构都非常重要，也逐步为持有环节征税提供空间（避免重复征税）。

总之，房产政策虽然以“救命稻草”的身份出现，但是仍然释放出逐步解除行政性束缚的市场化信号，如果再适时配合上户籍制度和财税体制改革，中国房地产业消除异化、还原其产业本色、建立长远发展机制的日子也就不远了。

汇率贬值刺破房地产泡沫是伪回归

背景：2014年3月以来，人民币汇率贬值压力不断增大。与此同时，国内房地产价格也是一片风声鹤唳，许多楼盘打折销售，“房闹”也开始出现，二手房交易降至冰点。考虑到这两个现象几乎同步出现，于是很多经济学者开始宣扬，“人民币贬值将会刺破房地产泡沫，房价崩溃就在眼前”。

房价和经济“崩溃论”的理由很简单，那就是人民币贬值会降低以人民币计价资产的实际价值，在全球资产配置模式下会导致逐利资本外逃，人民币资产的流动性基础被釜底抽薪，失去了基础货币的支持，风险资产的价格便会崩溃。房地产为我国当前公允价值最高、最炙手可热的资产，自然会首先轰然坍塌。东南亚金融危机的一段时间，曾经出现了这样的状况。

上述币值—资产价格之间的传导机制看似非常合理，但其实在理论和实证上都站不住脚。仅仅用某个特定时段的数据对比来证实这一结论，实际上也是犯了“伪回归”的错误，即两者之间只是同时发生，并没有因果关系。

什么是伪回归？举个例子，将小孩和小树苗十年的生长高度做一个最小二乘回归，无论谁是自变量谁是因变量，计量结果都会非常显著。但是两者是否存在因果关系呢？是小孩的身高推动了树高，还是相反？都不是，只是两者都是时间的函数，碰巧出现了相同的趋势，但实际上却风马牛不相及。这就是伪回归。

要想说明两者之间是伪回归，很简单，举个例子进行证伪就可以了。

先来看日本。房地产看空大师们喜欢拿日本的房价说事，那么日本的房地产崩溃是日元贬值刺破的吗？历史数据很坚决地告诉我们：不是！

日本房价见顶是 1990 年，之后 5 年算是崩溃的 5 年，价格跌了近一半多。那么日元汇率是不是大贬值呢？恰恰相反，从 1990 年到 1995 年，日元对美元从约 1：160 升值到约 1：80，升值了两倍多！之后，日元汇率开始大幅波动，但房价长久在底部徘徊。在安倍经济学的量化宽松推动下，日元贬值趋势明显，2013 年日元贬值竟然到 21%，然而日本房价却温和上涨。如果按照计量方法，选定这两段时间对日本的房价和汇率进行回归，肯定会得出“贬值推高房价，升值反而刺破房价”的结论！

再看美国。观察近 20 年的历史数据会发现，美国房地产最近一次大牛市基本上是从 2000 年前后开始，房价指数从 110 快速飙升到 2006 年的 206 左右（此指数以 1890 年的房价为基准并加入通胀因素调整）。可见即使不考虑通胀因素，美国的房价在短短 6 年左右的时间上涨了 90% 左右，若考虑通胀因素则名义房价上涨大约为 1.5 倍。那么按照上面学者的论断，美元在此期间应该升值。

然而，事实又给我们上了生动的一课，美元不仅没升值，反而是不断贬值：美元指数从 2000 年 10 月冲到最高点 119.07 后，便一路下跌，就算不考虑 2008 年的最低点 70，到 2007 年也累计贬值了 55%。如果对这段历史的美元指数和美国房价进行计量检验，我们会得到美元贬值不仅没有刺破美国房价泡沫，反而催生了一个房地产大牛市！

如果这两段历史经验还不够，那么我们看看饱受资本外逃压力的巴西。数据表明，2013 年，巴西雷亚尔贬值 13.1%，自 2010 年以来雷亚尔已累计贬值 30%，但是巴西的房价呢？美国《经济学人》杂志表明，2013 年巴西房价同比上涨 12.8%，自 2008 年以来已累计上涨 230%！

用来证伪，上面的几个事实就足够了。因此我们说，“汇率贬值刺破房地产泡沫”这一论断，都是一些“学者”在非一般均衡情境下的想当然，所谓的“汇率贬值—资本外逃—货币紧缩—房价崩溃”的传导机制，并没有按照一般均衡的理论视野去思考问题，只是想象了某个单边场景。而其所谓的实证支持，也不过是犯了伪回归的错误。

认识到这一点，我们就需要对人民币汇率和房价之间的关系有一个清醒的认识。我们看到，即使人民币升值的时期如 2008 年，中国的房价也曾下跌过；同样在人民币短暂贬值的时期如 2012 年，房价也没改变稳步上涨的势头。说到底，中国的房价函数极其复杂，绝非单一变量所能影响，既有人口结构、财富仓储等需求端因素，又有财税制度、调控政策等供给端因素，因此房价的走向取决于一系列变量之间的力量对比和动态权衡（作者认为对房价比较有效的变量是实际利率）。同样，人民币汇率函数也是一样，长期以来的变化趋势既有国际收支的因素，又有利率平价、汇兑心理和国际博弈的因素。两者之间的联系也不能完全说没有，如果有也基本上表现为一种伪回归：房地产泡沫的生灭，直接取决于国内货币环境而非受制于外部汇率。

第四章

顶层设计：从市场“乌托邦”到政策现实主义

为了规避和对冲周期“漩涡”和金融“暗流”，我们需要设计出务实可行的改革方案，以帮助中国经济顺利切换到内生增长“航线”。如同，在穿越“三峡河段”的险峻航程中，中国经济这艘大船需要富有智慧和勇气的舵手，设计出科学清晰的航线并指引前行。这个舵手就是改革家，改革家精神已经代替企业家精神，成为当前中国最稀缺的资源。

理论上是乐观的，但改革实践却面临主观和客观两大困境。主观上，忽视现实约束和路径依赖的市场“乌托邦”思潮开始弥漫，而宏观审慎管理的要求，使改革的稳定对价高到不可能。客观上，顶层设计与底层落实之间仍存在较大的传导换挡，这是“改革空转”的制度性原因。于是，在改革和稳定的夹缝中间，无论是财政的地方债置换，还是货币的降息降准，都被赋予了与以往不同的政策含义，更何况面临美元加息周期的强逆风冲击。

本章包括三部分内容：“复杂形势下的财政金融改革”，解读了地方债置换的深层次意义，以及宏观审慎管理和利率市场化的基本逻辑；“美元加息逆风下的利率政策”，讨论了中美之间的货币博弈；“监管与货币政策的现实难题”，探讨了创新型降准政策的现实效果。

复杂形势下的财政金融改革

◆ 本次债务置换，超越简单的量化宽松和扭曲操作的货币政策意义，是政府资产负债表财务自省和反腐运动的开始。

◆ 在国内外风险进入深水区、银行事实上已准混业经营、监管框架相对滞后的背景下，央行建立 MPA 框架，可以起到“宏观审慎管理 + 广义货币政策”的全面风险管理职能。

◆ 从政策效果来看，我们认为鱼与熊掌不可兼得。原因很简单，利率市场化本身就是去政策化，不可能一方面让市场供需决定利率，另一方面政府还要享用货币政策带来的好处。

◆ 两条主线同时进行。价格型主线处于阳刚之态，影响剧烈但一劳永逸，最终的完成取决于此。数量型主线阴柔连绵，影响在冥冥之中累积，能帮助政策层探路、试水，避免刚烈的价格改革带来换挡风险。

债务置换与地方政府资产负债表“反腐”

摘要：2014年9月，继全国人大审议通过《中华人民共和国预算法》修正案之后，《国务院关于加强地方政府性债务管理的意见》（简称“43号文”）公布，表明新一届政府在地方政府债务管理上已经形成较为明确的政策框架和纲领。从长远来看，该文件对中国财政金融的现代化建设影响是极其深远的。

经济增长模式的切换，将过去几年高速膨胀的地方政府债务置于“财务悬崖”的境地。这个财务悬崖体现在两个层面：一是经济面房地产下滑导致的土地财政悬崖，二是政策面“43号文”财权上收和表内预算收紧导致的财政融资悬崖。这种“双悬崖”叠加使得地方政府资产负债表变得相当脆弱，而企图挣脱预算硬约束滚存债务存续的方式，又将加重资产负债表腐化甚至恶化的风险。

在这种背景下，中央政府采用“顶层设计”的方法，用长久期、标准化、低成本的债置换短久期、非标化、高成本的债，不仅是为了缓解2015年偿债高峰的当务之急，从长期来看还具有资产负债表清洗和反腐的作用，可以说是情势所迫下的明智选择。直接来看主要有以下作用：

一是平滑债务波动。通过观察数据可以看到，仅根据2013年审计数据，2015年需要偿还的显性债务达3万亿元左右，如果考虑到隐性担保及负有偿还责任的部分，再加上新增债务，总偿付额至少达 4.5 万亿元左右。虽然该数值与 2014 年差不多，但考虑到地方政府的财政收入和“43 号文”的融资约束情况，要按时正常偿还债务基本不可能。债务置换通过拉长债务久期，可以起到平滑债务波动，降低地方政府债尾部风险。

二是缓解期限和现金流错配。地方政府投资的大多数是长期限项目，而资金来源却大多数是短期债务，尤其是平台贷款，这在资产负债表上就产生了“长久期资产 VS 短久期负债”的错配问题。同时，地方政府投资的项目大多数是弱现金流，有些公益项目无现金流甚至是负现金流（运营和折旧），而对应的债务却是商业性的，这就产生了现金流错配。债务计划通过拉久期、降利息，可以在很大程度上缓解这一错配问题。

三是变相资产证券化。地方政府资产负债表最大的问题之一，就是融资表外化、非标化和影子化，地方政府债务的膨胀使得大量非标准债务淤积在金融机构的资产负债表上通过流动性约束压制了货币活性。通过将平台贷等非标资产置换为长期地方债券，地方政府在将发长债收集的资金偿还银行债务后，银行再腾挪出空间买标准化债权，这就相当于将平台贷款证券化。

除了上述三大作用，我们还应该看到这次债务置换计划在反腐和清洗地方政府资产负债表方面的功能。我们知道，过去以地方政府主导的投资驱动型增长，在地方政府资产负债表两端都埋下了“腐化”的病灶。在资产端，存在过度投资、重复建设、形象工程等资产收益率软约束问题；在负债端，则相应地存在过度举债、过度抵押和透支政府信用等财务预算软约束问题。而在现金流量表方面，土地是最核心、最关键的要素，除了带来巨额的土地转让金外，还是最重要的抵押品。因此，当房地产业一旦陷入低迷，地方政府资产负债表所获得的现金流量矩阵就陷入坍缩风险，随之也会带来资产负债表的腐化和收缩风险，可以说这既是当前我国宏观经济运行的短期风险，也是关系到未来经济增长模式切换的长期问题。中央政府通过债务置换与地方政府博弈，用时间换空间，为改革打开时间窗口，推动地方债阳光化、表内化、预算化，既可以从负债端激励地方政府公开债务敞口（置换的长债务相当于奖励时间给地方），又可以倒逼资产端投资效率的提高，推动地方政府财务现金流由债务驱动向资产驱动，最终实现资产负债两端的良性循环，阻止资产负债表的腐化、僵化。因此，本次债务置换，超越简单的量化宽松和扭曲操作的货币政策意义，是政府资产负债表财务自省和反腐运动的开始。

简评 MPA：央行的全面风险管理

背景：2015 年 12 月 29 日晚，中国人民银行宣布从 2016 年起建立宏观审慎评估体系（MPA），这一举动对重塑监管生态和金融业态是至关重要的。

在国内外风险进入深水区、银行事实上已准混业经营、监管框架相对滞后的背景下，央行建立 MPA 框架，可以起到“宏观审慎管理 + 广义货币政策”的全面风险管理职能，以更有效地防范日益复杂的系统性风险和疏通货币政策传导渠道。MPA 可以从“综合评估、逆周期调节、评估激励”三个方面实施，实施的效果主要表现在宏观风险的可控性提高、监管约束得到结构性改善和银行经营自主性增强。商业银行应认真研究 MPA 指标体系，根据自身的资源禀赋和竞争优势获取最大化的监管收益。

一、原因：风险深水区、银行混业经营、监管框架滞后

当前，国内外经济金融风险进入深水区。从外部形势来看，美元加息引致全球资本板块漂移重构，大宗、货币、风险资产的波动性都在加大。从内部环境来看，一方面国内金融市场对外部冲击越来越敏感，汇率风险的冲击链条拉长；另一方面，资产荒继续蔓延，实体经济创造有效资产的能力明显不足，大量的货币囤积在金融市场进行杠杆配置，货币市场、资

本市场和房地产市场的泡沫隐患又在加大，宏观风险愈加复杂。

承接宏观经济金融结构的变化，商业银行的资产负债也呈现多元化特征，从过去单一的表内存贷款向表外、表表外多元化资产负债配置转变，自营投资、资金交易、资产管理、投资银行、跨境结算等经营行为已经将信贷市场、货币市场、资本市场和外汇市场打通，银行已经实现了事实上的混业经营，同时也面对着多重风险交织叠加的环境，需要更加综合化的金融监管框架。但由于监管部门之间还存在体制隔阂和利益博弈，混业监管的框架一直建立不起来，使得银行综合经营只能以影子银行的形式出现，很多银信、银证和银保业务处于监管真空，突显了监管体系的滞后。

二、目的：建立“宏观审慎管理+广义货币政策”的全面风险管理体系，防范日益复杂的系统性风险

“巴塞尔协议+宏观审慎管理”是国际金融监管的标准化框架，将微观层面的资本监管与宏观层面的综合管理结合在一起，可以较好地限制单个金融机构风险向宏观体系的溢出，在一定程度上消除了较小的个体风险加总后酿成宏观大危机的“合成谬误”问题。由于中国的金融体系还不完全成熟，尚未经历一轮完整的金融周期考验，风险的集聚结构和外溢机理尚没有历史数据可供参考，当前的分业监管格局存在一定的历史局限性，过去发生的货币市场和资本市场波动，就证明了这种基于微观机构进行分类的监管框架的不足，因此应更加注重从全局进行综合化的风险监测和管控，通过顶层设计建立宏观审慎管理框架。

从货币政策来看，央行也需要对货币政策工具体系进行重构，建立包含多重操作目标的广义货币政策体系。一是随着利率市场化改革的完成，央行的货币政策工具体系也在发生变化，原来依赖的主要货币政策工具比

如存贷款基准利率，将逐步让渡给金融市场，更多采用准备金利率、公开市场利率等市场化工具，这就需要对货币政策工具进行重构。二是以合意贷款为主的信贷政策，在商业银行表外资产大扩张的情况下，已经逐步丧失了约束意义，需要将传统的信贷政策指标进行扩展，建立包括结构化融资等在内的广义信贷指标。三是在利率市场化初期，为了防止银行间恶意竞争打价格战，将银行的利率定价情况也纳入指标体系，作为评估其监管评级的一部分，既可以提升银行之间的差异化定价能力，又可以在一定程度上约束恶意定价行为，表现出管理框架的柔韧度和灵活性。四是在当前的流动性陷阱未显改善的情况下，通过此框架将防范金融风险与疏通货币政策传导通道相结合（比如广义信贷、定价行为和信贷政策执行等指标），可以实现广义货币政策的职能。

三、措施：综合评估＋逆周期调节＋评估激励

宏观审慎框架采取的措施包括：

第一，综合评估。从过去“差别准备金＋合意贷款”的局部管理机制，升级为包括资本、流动性、资产质量、定价行为、外债风险、信贷政策等在内的综合评估框架，反映了对宏观风险的全面管理，比如流动性指标管理的是流动性风险，资产质量指标管理的是信用风险，定价行为管理的是利率风险，外债指标部分反映了外汇风险等。

第二，逆周期调节。内生的调节方式是资本充足率，在经济过热期，信贷规模往往会飞速扩张，但是相对于信贷资产，资本增加速度往往是平稳的，这就会对资产规模的扩张形成牵制作用，形成逆周期效果；而另外一些指标，比如包含债券投资、买入返售等在内的广义信贷，央行可以根据宏观形势状况对其进行外生调节。相对于合意贷款急刹车式的逆周期调

节方式，宏观审慎框架下的逆周期调节将更加平滑和精准。

第三，评估激励。评分高、指标稳健的银行可以被认为对宏观稳定作出了贡献，具有正的外部性，需要进行正向激励。而相反，那些评分较低且达不到某个标准的银行，则可以认为是引起宏观不稳定隐患的银行，具有负的外部性，需要进行负向激励。激励的方式可以是监管评估分级和实施差别化的准备金利率。需要注意的是，在利率市场化、打破刚兑和银行信用差异的背景下，监管评级对商业银行将越来越重要，评级高的银行在获取负债和重组并购中占据优势。

四、影响：监管约束的广义化，影子银行透明化，宏观风险可控性提高

从单一指标控制升级到综合评估打分，意味着监管约束出现了结构性改善的空间。一方面，评估指标从合意贷款单一指标扩展到 7 个方面约 14 个指标，对银行的评价更加全面和客观，而且更加注重过程和连续性管理，体现了监管理念从计划管制向市场化管理的转变；另一方面，在综合评估的管理框架下，不同指标之间具有较强的替代性，在既定的监管约束下银行资源配置的空间得到了较大的拓展，比如在流动性管理方面有相对优势但需要改善资产端配置占比的银行，可以通过提高流动性评分来让渡广义信贷方面的评分，但总分可以保持不变。管理规则和监管框架的广度扩展和透明度提高，可以改变过去单一合意贷款约束造成的同质化问题，在一定程度上可以提高银行经营的自主性和差异化。而且由于框架的完备性、透明化和稳定性，对宏观经济的稳定性管理更加有效，系统性风险也将更加可控。

利率市场化的两条主线

背景： 本文是对后利率市场化时期，政策路径和逻辑的简要梳理。

近几年来，利率市场化实际上一直按照两大逻辑主线进行。

第一条是我们常见的价格型主线，也就是在利率放开顺序上，按照所谓的“先外币，后本币；先大额，后小额；先长期，后短期；先贷款，后存款”的逻辑进行。这条主线是离散的，存在特定的间隔和节奏。

第二条是数量型主线。这条主线比较奇妙，政策层没有明确指出，但是大家都能感受到，主要的表现是允许甚至鼓励可市场化定价的金融产品迅速发展，从银行理财、信托计划、第三方财富管理，到互联网金融，这些商业银行传统资产负债表外的产品，对存款和贷款（主要是存款）形成了包围之势。这条主线是连续的，处于不断发展之中，它不像放开价格一样冲击迅猛，但是影响体现在产品的数量上。随着理财等替代性产品的快速发展，市场化的定价在不断地诱惑着摇摇欲坠的银行存款，对商业银行的传统负债业务造成了极大的冲击。对于仍然固守“存款立行”的商业银行，只能不断提高营销费用，多送点大米和豆油，努力保住那些稀缺又珍贵的存款。以至于前期一些银行从业者感叹“干脆放开存款利率算了，这样变相搞理财和违规搞营销太难受了”。

这恰恰就是政策层的目的所在：通过体制外产品，从外围倒逼体制内产生内生性的市场化定价需求，让银行自己慢慢消化利率市场化带来的冲击，以防止价格突然放开导致硬着陆风险。这也体现了政策层的中国传统智慧：两条主线同时进行，一阳一阴，一刚一柔，阴阳互补，刚柔并济。价格型主线处于阳刚之态，影响剧烈但一劳永逸，最终的完成取决于此。数量型主线阴柔连绵，影响在冥冥之中累积，能帮助政策层探路、试水，避免刚烈的价格改革带来换挡风险。

认识利率市场化的这两条主线，以及两者之间的关系至关重要。抛去信贷配给的影响，在考虑一般情形下，货币的定价遵从一般的市场规律：供需曲线交叉点决定价格。价格型主线的逻辑是通过放开管制价格，使供需双方探寻新的均衡点；数量型主线的逻辑则是放宽市场化定价的产品数量，形成价格双轨制，在动态式的蛛网调整中慢慢并轨。所以说，这两条主线几乎密不可分，直观的判断是，一旦存款利率上限放开，为构建体制外利率曲线的数量型工具就会急速减少甚至部分消失：当存款可以自由定价的时候，那些非资管意义的理财产品还有什么吸引力呢？

因此，根据数量型主线来判断利率市场化的进程至关重要。作为银行从业者，我们粗略判断，在现金管理冲击活期存款，理财产品冲击短期存款，资管产品冲击长期存款的态势下，加上为保住和获取存款支出的营销费用，大约已经有 70% 的货币实现了市场化定价。这说明两条主线的节奏基本上是保持一致的。

较为遗憾的是，由于数量型主线下的替代性产品只是作为变相利率市场化的工具，并没有形成自己独立统一的定价机制，所以没有完全形成可借鉴的收益率曲线，从而导致定价自律机制建设的进程比较缓慢，这是当前阻碍利率市场化最后一跳的主要原因。

美元加息逆风下的利率政策

◆ 央行的这次“双降”且取消存款利率，是在多重风险交织下货币宽松与利率市场化同步进行，表现了中国金融改革的决心，以及挑战美元权威的勇气。而且，我们应该看到的是，在强势美元的霸权压制下，“天下苦秦久矣”，代表新兴国家的中国，有能力领导一次全球“货币起义”。

◆ 全面推进金融市场化出清的进程，彻底清除非市场化资金（预算软约束）和刚性兑付对市场机制的干扰，而不单单是在利率这一单一领域进行局部市场化。

央行的“政策自信”：逆美元加息周期“双降”

背景： 面对经济下行压力和金融市场的大幅波动，2016年霜降时节，中国人民银行同时降息和降低存款准备金。为什么敢于在美联储启动加息进程的形势下选择逆势“双降”，央行有自己的政策自信。

霜降时节“双降”，央行并不是在玩绕口令，也不是在玩中国式隐喻，而是正在不知不觉地完成几件里程碑式的大事：

第一，推动中国经济三年后重新步入“负利率”时代。自2014年以来，实体经济跌落式下滑，2015年第三季度自次贷危机以来首次跌破7%，通胀率重新回到2%以下，触发了央行的货币宽松条件，一年期存款基准利率下调0.25个百分点至1.5%，低于9月的CPI 1.6%，导致时隔三年后重新回到“负利率”时代，也加入了全球早已施行多年的“负利率俱乐部”（欧美多年以来都是负实际利率）。负实际利率对货币需求和资产配置影响巨大，利率的实质是对货币持有者推迟消费的补偿，负利率则是对推迟消费的惩罚，因此会刺激银行储户或者购买商品消费，或者购买资产保值。无论是消费支出还是资本支出，都会提升经济活跃度，这是负利率的货币政策效果。因此可以预见，在经过一定的传导时滞后，消费和投资会有所改善，在消费弹性小于资产弹性的情况下，金融资产的表现应该会优于消费市场的表现。实体经济的改善则需要银行惜贷情绪的缓和，房地产和股市财富效应的传导，以及金融泡沫的可持续性。

第二，完成了长达几十年的利率市场化进程。中国自20世纪90年代开启利率市场化以来，至今已经走了二十多年的历程，中间走走停停，步伐偶有放缓但从没停止，尤其是自党的十八大以来加快了进程，相继放开贷款下限，放开长期存款利率限制，放大存款波动区间等，当前放开存款利率上限，在价格上算是完成了最后一步，名义上已经完成了利率市场化进程。虽然，在利率定价机制、价格竞争自律、银行破产处置等“里子”方面的改革还没有完成，但在当前复杂严峻的经济形势下，能够保持战略定力，适度容忍系统性风险，坚定推进利率市场化步伐，说明央行在金融改革方面的决心非常坚定。再结合前一阶段在汇率市场化方面作出的努力，向国际金融体系展现了中国金融改革的决心和勇气。近期国际货币体系向外界传达了支持人民币加入特别提款权（SDR）的信号，就是国际货币体系对中国金融改革的肯定。

第三，与非美货币集团相呼应继续强化宽松的货币政策。当前全球货币政策分化严重，一方面美国按照计划在停止购买资产以后，2015年也准备退出零利率政策逐步加息，企图开启趋紧的货币政策通道。虽然动荡的金融环境使美国在2015年9月份推迟了加息，但是加息所引发的预期和心理恐慌，已经在全球进行了一次次大演习。而另一方面，非美货币集团在政策方面却进一步强化宽松，欧洲准备实施新一轮资产购买计划，日本安倍经济学继续加大宽松力度，于是中国也在经济下行、股市动荡的严峻形势下开启了降息、降准通道，并加强SLF、MLF、信贷资产抵押再贷款等公开市场流动性工具的使用，说明非美国家在美国实施收缩的货币政策同时，继续加大宽松力度，全球货币政策分化前所未有的严重，美元之外的货币采取了与其相反的宽松政策，中国也加入了这一集团。

然而，我们的问题是，中国作为新兴国家的代表，在货币金融体系还不成熟的情况下，为什么敢追随欧元和日元等发达国家货币，逆美元收缩趋势行事，采取大幅度的“双降”政策，发起挑战美元的“货币起义”，难道不怕资本外逃、主权货币危机？数据表明，中国发生了有史以来最严重的资本外流。

可以从三方面寻找答案：

第一，从外部看，全球货币金融体系“苦秦久矣”，非美货币集团有联盟“起义”的内在要求。自美国退出资产购买计划（QE）、开启美元加息预期通道以来，全球主权货币、风险资产和大宗商品在强势美元的压制下进入“暴秦”时代，新兴国家尤其是资源型国家的货币贬值达到30%左右，股票下跌近乎腰斩，大宗商品几乎崩盘，价位重回到几十年前。而且，这样的凄风苦雨一直持续了一年之久，美元加息仍然悬而未决，全球金融市场动荡不安，股市波动、汇率崩盘成为家常便饭，大宗商品偶有反弹便立即被镇压，空头在全球金融市场实施“法西斯主义”，全球主权货币、大宗商品和风险资产可谓“苦秦久矣”。金融体系凄风苦雨且看不到出口的形势引发了世界各国对以美元为主导的全球货币体系的质疑。笔者撰写的文章《美元的新特里芬难题》就指出，全球金融体系对流动性的无限需求与美元作为世界基础货币的有限供给之间存在着不可调和的矛盾，这一矛盾的体现就是金融风险的集聚以及金融危机的全球化。

第二，从内部看，中国的货币发行机制发生了巨大的变化，原先以美元等外汇占款为发行准备的货币发行机制，正在转变为以国内资产为发行准备的货币发行机制。自中国加入WTO以来，中国的外汇储备爆发式增长，“……资本流入—双顺差—人民币升值—人民币升值预期—资本流入……”这一正反馈环形成了人民币外向型发行机制，增大了中国货币体系对美元的依赖。最近几年，随着外资流入的放缓，尤其是2015年以来外汇储备的大量流失，人民币发行机制发生了巨大的变化，央行开始采取降准以及购买国内资产等方式填补外汇占款流失的基础货币缺口，货币发行机制逐渐与“美元”脱锚。尤其是，最近推出的信贷资产抵押再贷款政策，一方面盘活商业银行信贷资产，将长久期老化的银行信贷资产从错配约束中解放出来，变相提高资产转速，降低流动性风险；更重要的一方面是，使得货币供给更加内生化，由原来央行—商行的自上而下的外生供给，转为商行—央行的信贷需求驱动的内生供给，更加提高了货币使用效率。中国货币发行机制的去美元化，使得人民币在发行上更加独立，提高了货币自信。

第三，从内外部结合来看，人民币国际化正在削弱对美元的过度依赖，且正在引领多元货币体系的风潮。近几年来，人民币国际化加快了步伐，先后与几十个国家签订了货币互换协议，这相当于货币兑换“去美元化”。拿英镑举例，2015年10月20日，中国人民银行与英格兰银行续签了双边本币互换协议，互换规模由原来的2000亿元人民币/200亿英镑扩大至3500亿元人民币/350亿英镑，有效期三年，经双方同意可以展期。预计在未来几年，人民币与其他货币的互换协议会继续扩大，这相当于在美元单极货币体系之下，打开了多元货币体系的口子，也为人民币削弱对美元的依赖打下了基础。

总之，央行的这次“双降”且取消存款利率，是在多重风险交织下货币宽松与利率市场化同步进行，表现了中国金融改革的决心，以及挑战美元权威的勇气。而且，我们应该看到的是，在强势美元的霸权压制下，“天下苦秦久矣”，代表新兴国家的中国，有能力领导一次全球“货币起义”。

降息引发的货币结构变迁

背景：2014 年以来的持续降息，影响的不仅是资金价格和货币供给总量，还在改变着货币结构的变化：基础货币与广义货币，流动性、贮藏性和预防性货币，以及商业银行的资产负债结构等，都因为降息发生了较大的变化。

历史经验和理论模型都证明，结构的内生变迁来源于相对价格的变化：当要素间相对价格发生变化时，旧有均衡便会被打破从而形成结构性的帕累托机会，经济资源便在逐利性的驱使下向有利可图的配置方式倾斜，从而导致在总量不发生变化的情况下结构发生变迁。该结论同样可用于中国的货币体系，在名义利率管制事实上已经终结的时刻，加上金融深化拓展的市场深度和广度，已经让货币体系表现出前所未有的复杂：非市场化和可市场化，真实和名义，基础和广义，短期和长期等等，形成了多维度交织的货币景观。在这种复杂的货币背景下，由货币当局发起的外生性的利率升降，不仅仅会影响总量的资金价格，还会引起货币结构的变动。

2015 年，我国的货币政策进入降息通道，如果拿美欧等国的泰勒方程参数作参考，我国的基准利率（1 年期基准）至少还有 200 个基点左右的下调空间。但是，由于中国的资金体系有着不一样的交易特征（预算软约束、刚性兑付等），管制利率的命令式下调会面临重大的阻力和漫长的时滞，由此导致货币当局所希望的降低广义资金价格的效果会大打折扣，甚至出现相反的效应（降低管制利率触发的市场化利率反哺），同时引致深层次的货币结构变迁。主要有三类结构性变化值得关注：一是货币层间串联结构的变化。按照交易对象可将货币划分为两大层次，一个是实体经济的交易靠广义货币（M2）作媒介（除现金外商业银行作为负债方的存款），另一个是银行间金融资产的交易，靠基础货币作媒介（中央银行负债，法定准备金相当于被“冻结”）。当前这两大层次的货币在定价上形成双轨制，广义货币（剔除流通中现金和部分同业及长期存款）的价格受到管制，银行间的交易结算却是市场化定价。因此，当管制基准利率强制性下调，广义货币的相对价格便外生性下降，由此导致不同层次间货币的迁移从而冲击基础－广义货币结构。我们观察到的数据有两点支持了这种变化：一个是广义货币近一年增速明显下降，但基础货币增速却比较平稳，另一个则是广义货币内部也在发生结构变迁，进入降息通道以来狭义货币波动突然放大，往往是在季末达到高峰后快速下降（由于将部分同业存款纳入了存款口径，存款偏离度对狭义货币的稳定性约束不大），但整个增长中枢是下移的。二是货币需求函数结构的变化。经典理论将货币需求划分为流动性需求、预防性需求和投资性需求（凯恩斯称其为投机性需求），从货币功能观的角度来说就是分别执行交易支付、对冲风险（保险）和保值增值功能的货币。这三大需求都是利率的反函数，但是利率弹性并不相同，以支付结算为目的的短期活期存款对利率的敏感性一般要比预防性和投机性需求的敏感性低，尤其是以投资和投机为目的的货币需求对利率的敏感度较高，因为从其负债端来看就是投机融资的资金成本。当存款管制利率强制性地低于市场化货币利率，货币或者存款的保值增值功能就受到压制，持有预防性存款的机会成本相应变高，这时候货币在金融资产组合中就沦落为劣等品，除非有交易支付和汇兑的利率刚性需求，人们对存款的价值储存功能表示失望，相关需求也就得到抑制，本来由市场化定价的价值贮藏功能被削弱，货币需求函数的结构便受到冲击，因而导致货币需求函数内部参数的不稳定，最终使货币政策的执行、传导和发生方向产生高阻尼摩擦和不可测时滞，影响货币总体的稳定性和货币政策的实施效果。三是商业银行资产负债结构的变化。商业银行的负债创造广义货币，货币创造的原生机制是存款催生贷款，贷款拉动存款，在部分准备金机制下形成一个正反馈动态。但2015年在降息通道下，一般性存款（非同业）的相对价格被强制定价，加上刚性兑付保护下非存款类产品的隐性信用等级也较高（即使是非保本理财），导致一般性存款通过理财、货币型基金、信托和资管等通道流入同业存款，使商业银行资产负债结构发生两方面的变化：一个是资产负债之间的动态结构发生变化，资产负债之间的相互创造机制似乎被切断，资产在保持平稳增长的同时，一般性存款却增长乏力且波动较高，我们观察到的数据是2014年商业银行资产增长速度明显高于一般性存款；另一个是负债结构自身内部发生的变化，表现是自营存款降低但同业存款保持平稳增长。商业银行资产负债表结构发生变化的后果是大大提高了流动性管理的难度。

如何消除这种结构变化带来的不利影响？最好的办法是“量价配合，以量拉价”，逐渐放弃命令型的基准利率思维，靠公开市场的基础货币吐纳推送利率信息，而不应该是对名义管制利率的恋恋不舍。当然，央行可能正面临前所未有的流动性陷阱问题，货币市场与信贷市场之间的传导越来越弱，时滞越来越长，无论是价格工具和数量工具，都对金融资产价格刺激明显却基本无助于改善企业的生产和投资活动。要解决这一顽疾的思路仍然是老生常谈，那就是全面推进金融市场化出清的进程，彻底清除非市场化资金（预算软约束）和刚性兑付对市场机制的干扰，而不单单是在利率这一单一领域进行局部市场化。

没有秘密的货币政策

背景：进入 2015 年后，政策当局与市场之间的博弈进入另外一种场景。但是无论央行如何闪烁其词，现实的稳增长压力已经非常明显地表明货币宽松是一种大概率选择路径。因而，货币政策也就难以守得住秘密。

经济走势越清晰，政策走向就越容易判断，一致性预期就越容易触发。尤其是进入 2015 年，“经济探底 + 债务触顶 + 资金外流”的基本局势已经非常清楚，那么相应的宽松货币政策也就成为确定性事件。在这个既定信息集下，无论央行如何不愿意公开承认货币政策已转为积极，如何使用定向宽松等结构性话语来与改革场景保持一致，都无法消除市场对货币宽松基调的确认和消化。因此，每当降准和降息发生，分析师的点评报告里几乎都有“如我们前面预测”“符合我们前期预期”等语句。可以说，除了在节奏和外部冲击方面还有非预期空间，当前的货币政策走向几乎无“秘密”可言。

政策预期容易实现，长期来看在主张货币中性价值观的经济体系中是有积极意义的，这符合弗里德曼的货币稳定规则，货币当局和经济主体的博弈可以通过泰勒准则实现动态调和，在卢卡斯批判的指引下，央行的强纪律性可以修正动态不一致带来的社会福利损失。但是，在一个还依靠货币政策作为改革软着陆必要条件的经济体内，如果政策走向全被预期且提前消化，那么每一次政策出台都可能只是“对过去经济形势的被动确认”，货币政策的正向冲击和预期引导效果大幅衰竭；且一旦政策力度低于预期，资本品市场和信贷市场可能还会产生反向的负面效果：政策出台后，资产价格回吐低于预期部分的溢价，信贷市场的惜贷情绪进一步加重，流动性陷阱可能会越陷越深。

自 2014 年底央行降息打开积极的货币政策通道以来，“降息 + 降准”交替使用的节奏已经被确认，但是实施效果即使考虑到政策时滞，对实体经济的边际影响也变得越来越微弱，究其原因主要有两大方面：一方面，改革红利与政策效果不可兼得。随着利率市场化迈入最后一步，管制基准利率只剩下存款一个品种，且在越来越多的市场化定价资金面前变得摇摇欲坠；但央行却仍然寄厚望于基准利率，希望通过下调管制基准利率推动整个社会融资成本下移，这不得不说是一个悖论。但从实际效果来看商业银行总是按照“一浮到顶”来调整利率，因此每次降息却都诡异地拉升了利率，这恰恰反映了“改革红利和管制租金不可兼得”的客观处境。另一方面就是对政策的预期，从最近一次的降息效果来看，整个金融市场已经把降息作为确定性事件提前消化，因此降息的预期引导效应也大打折扣，信贷市场中银行惜贷情绪、降低资金成本的意愿并没有发生明显改善，小微企业的融资成本仍然居高不下，而且随着风险溢价的上升和刚兑资金的黑洞效应有被动上升之势。

政策走向都被货币需求主体预期到，央行预期管理的主动性效果就会越来越弱，无论宽松政策出台时前面加多少定语，经济主体关注的都只是数量效应而非结构意义。这一尴尬现象的出现，却恰恰反映了金融改革的效果：改革就是去管制化、去政策化。认识到这一点，央行应该更加注重公开市场操作工具的应用，在阳光化公开政策规则（比如降准与外占减少挂钩）和利率市场化改革时间表的同时，运用市场化的手段来内生调节市场基准，而不是仍然习惯性地采用传统思维来管制基准利率。

监管与货币政策的现实难题

◆ 需要认清金融深化和金融空转的区别，在游戏规则层面消除监管套利和利率双轨套利的空间，在调控方式层面多采用市场化的手段推动金融产业服务实体经济。

◆“影子杠杆”成为本轮金融去杠杆的对象。而这些影子杠杆的投向标的，也主要对应着银监会在表内限制的“两高一剩”行业。穿透“层峦叠嶂”的交易结构，我们会惊讶地发现，影子银行的投向十之八九在政府平台和房地产行业上。

金融深化还是金融空转：大监管时代的罪与罚

背景：2016年下半年以来，中国开启严监管行动；与此同时理论界也对金融空转和脱实向虚等“金融原罪”现象进行口诛笔伐。本文从金融产业的内生演变规律，来客观地区分金融空转和金融深化的区别。

金融产业链的迂回拉长，或者金融产品的多层分级和嵌套，并不一定是在制造脱实向虚或者资金空转，也可能是金融产业发展演变过程中，生产日益专业化、分工日益精细化的内在需求，以及为满足投资者不同风险偏好而进行的敞口分配设计。当前监管部门对金融业的同业迂回模式进行全面整肃，从长期来看有利于金融业的健康有序发展，但是在技术层面需要理解产业发展和演化的内在规律，尤其是需要认清金融深化和金融空转的区别，在游戏规则层面消除监管套利和利率双轨套利的空间，在调控方式层面多采用市场化的手段推动金融产业服务实体经济。

一、金融产业链拉长是金融深化的一个表现

同所有产业的演化进程一样，金融产业的发展也必然经历一个从单一到多元、从简单到复杂的演变过程。如果从底层穿透来看，金融机制的运行固然都可以解码还原为最初级的股和债，即法律和会计上的权益关系和债务关系，以及围绕种种生产活动而产生的各种支付、结算等交易行为。

然而，在现代金融体系的具体运行过程中，这些简单的交易、借贷和权益关系，往往需要加上各种结构和层级，表现为条款的附加和产品的嵌套，整个行业的生产链条被拉长并错综交织，金融机构也日益多元并在竞争和合作中形成生态共容。这一切都使得现代金融活动表现出越来越复杂的一面。

概括来说，金融深化过程就是底层资产不断进行关系演绎和功能衍生的过程，哲学上表现为从“一”到“多”，行业层面则表现出产业链的快速拉长和持续不断的结构化。这一产业演化进程具有自身较强的内生动因：

一是现代经济活动日益复杂化，是导致现代金融体系越来越复杂的根本原因。金融发展理论告诉我们，金融体系的演化和结构变迁的基本动力，由实体经济的发展路径和结构变迁进程所决定。以市场为导向的现代经济活动，在生产、投资、消费、流通等各个层面正变得越来越复杂，因此也就要有一个解决这些经济活动、金融需求的复杂金融方案。当然，金融体系也会对经济活动产生反馈和影响，比如增大经济内在的不稳定性。

二是专业分工的细化，需要将粗放简单的生产和运行环节打碎敲细，“专业的人干专业的事”，有利于提升整个金融体系的服务效率。金融发展初期，投融资、资金交易和组织往往是以银行为主的单一组织模式，这种情况一般发生在发展中国家，被称为金融抑制。随着金融产业的进一步发展，金融抑制逐渐得到消除，市场化经营的领域不断扩展。原来由国有金融机构（主要是国有商业银行）全部包揽的简单粗放的金融服务，开始逐渐被市场化、专业化的人才和机构所替代。在原有银行组织内部表现为新兴部门的产生（比如资管部、金融市场部、交易银行部等），在组织的外部表现为业务的委托和外包，比如当前的代客理财和委外业务等。这些环节的架构，并不一定是多余的嵌套，而是专业细分导致的金融服务链被打细，带来整个金融运营效率的提升。

三是投资者风险偏好的多元化，需要一个基于风险敞口再分配的机制设计。经济活动和经济主体日益多元化，投资者的风险偏好异质性程度也越来越高，简单的债务和股权产品等基础资产，难以满足基于不同风险和时间偏好的风险—收益及期限分布需求，需要通过分层式、结构性、证券化的产品设计来提高和丰富金融产品体系。因此这个时候，我们看到诸多夹层产品、结构化产品和带有对赌协议的金融方案的出现，这也是金融深化的一个表现。

除此之外我们也应该注意到，由于货币发行体系的特殊性，中国的金融机构处于不同的货币链上，也就是与货币发行最上端的距离不同。政策性银行和大型国有商业银行处于货币链的上端，自然可以优先获得资金的批发资格，从而将资金通过同业拆借和同业存单等形式分销到中下游的股份制银行和城商行、农商行。这些中小银行再通过委外等模式分销给非银金融机构。这就导致在整个金融市场上，货币链条被不断地拉长延展。

因此，金融产业链的迂回和拉长，并不一定是冗余的嵌套和额外增加融资成本，而是金融深化过程中，产业从低级形态向高级形态演变的客观过程。实际上，中国的金融改革路径也是这样设计的：逐步构建市场化、多层次、多元化的金融市场体系。

二、资金空转、过度金融化与监管套利

当然，金融产业的复杂化演变一方面是产业发展的内在客观规律，另一方面也成为经济不稳定的重要原因，间歇性爆发的金融危机让监管当局忧心忡忡。而且，人们往往发现金融产业的发展有别于其他产业，越过一个临界点后会存在一个疯狂生长的扩张期，其扩张速度往往呈现出级数级

别形式。而且大量的资金在金融领域循环勾兑与交叉对赌，没有直接进入实体经济，从而被谴责为“资金空转”。基于这种观察，人们认为金融资本存在一种脱实向虚的“原罪”，金融的过度发展或者过度的金融化不仅不会支持实体经济，而且还会挤占实体经济的生存空间，加重企业的运行成本，姑且不说金融产业危机导致的社会外部性。

我们需要内省金融产业这种疯狂扩张的动因。其中之一是按照一般的规律，产业发展到激烈竞争阶段（这往往是产业从成熟到衰落转折过程所表现出的特征），大多数企业会采取“薄利多销、以量补价”的策略。在金融业的表现是，商业银行利差的急剧收窄与交易性金融机构投资收益率的下降。如果价差对利润驱动的力量急剧缩减，在其他成本仍然保持刚性难以调整的情况下，扩大资产规模与加杠杆便是一个最优化的选择。然而，资产规模的扩大在标准化的监管框架下会受到资本的约束，为了摆脱这个约束，金融机构就不得不将规模和杠杆隐匿在影子之下。这就形成影子银行的急剧扩张，从而带来对流动性的高度依赖，所以身处其中的交易员在单向走势的市场走到某个临界点会蓦然发现，整个金融体系已经高度依赖央行的公开市场操作，即所有的金融机构都在跟央行做对赌。这更加重了人们对金融行业带有“危机原罪”的质疑。

也有人批评所谓的资金空转是一个伪命题。根据货币供给的内生性理论，每一单位资金的背后都有实体经济的经营活动（资产或信用）作为支撑。也就是每一个金融产品，无论嵌套化、结构化和证券化多少层，都会从实体经济寻找到一个对价标的。这实际上说的也是事实，就拿美国的次级债证券化产品来说，无论将中间层打包多少次出售，深度穿透后体现的实际上仍然是原始的借贷关系。换句话说，如果没有通过结构化、分层式拉长交易结构和产品链条，与实体经济直接对接的金融产品和服务恐怕也难有可以有效扩展的市场广度和深度。

对金融空转的另一个质疑，来自于对监管套利的各种通道业务的审视。无论是因为规避行业限制、额度控制还是为了节约资本和风险准备，加上通道而将业务在不同会计科目和表内外进行腾挪的交易结构，从本质上来说仍然是信贷关系。既然是原始的信贷关系，那么就不存在被谴责的资金空转或者脱实向虚。这些资金通过一系列暗保和抽屉协议后，仍然流到了实体经济，只是这些行业被监管部门画上了红线。但我们需要思考的是，如果金融机构追求的是风险调整后的利润最大化，那么为什么还不顾监管部门的警告宁愿加上一层通道费，将宝贵的信贷资源投入到政策受限行业，比如政府平台和房地产业？采用简单的、计划和行政命令式的信贷数量限制，是否能阻挡住强劲的市场需求？影子银行成为躲避监管的“桃花源”，而公认的学术研究并没有完全否定影子银行的作用，在一个金融抑制还没有完全消除的传统融资体系里，影子银行能为金融体系带来更大的弹性并满足体制外的资金需求。当然其引发的副作用也众所周知，因此对影子银行的价值评估也需要特定的时空条件。

另外我们也需要注意到金融体系较之于实体经济的相对独立性。金融是现代经济的核心，最初的目的是服务实体经济，其根基也是服务实体经济。但是当金融的形态发展到一定程度，抵达一种高级形态的时候，就会表现出自生长、自组织状态，也就是理论上说的金融经济的独立性。这种独立性主要表现在一级市场之上的一级半、二级及衍生品市场。诚然，在二级市场的交易过程中存在着大量的交易盘、投机盘和对赌盘，从直观上来说这些投资的确没有直接服务于实体经济，但是它们增加了金融市场的广度和深度，尤其是为底层资产提供了流动性和对冲风险的手段。实际上，有大量的研究文献用严格的实证分析证明了，金融体系内的资金流转并不应该认定是空转，而是为持续服务实体经济所创造的“活水”。最近一段时间我们也看到，债券二级市场的收益率上涨（对应着价格下跌），已经传递到一级市场（包括信贷市场），当然也就加重了实体经济的融资成本。

总之在某种明确的定义下，金融空转似乎的确存在，但判定标准不应该简单地看资金活动与实体经济的距离，也不应该对其进行简单的道德审判和价值认定。当然，这也并不能说明不该对金融体系进行严格的规范和监管。

三、构建符合中国现代金融监管要求的理论框架

既然无法对金融空转进行贸然认定，那么我们该如何评价中国当前的金融问题，以及如何建立科学的现代金融监管体系？不可否认的是当前的确存在种种金融乱象，金融机构对规模和利润的追求胜过对风险的谨慎管控，这体现在资本管理上就是金融机构更加关注监管资本而不是经济资本，更不用说种种为减少资本计提创新的所谓“轻资产”业务。在真正的信托关系没有建立之前，金融机构为了保持信用能力而采取的刚兑模式，除了扭曲信用定价和延迟风险出清，也会把个体风险累积为系统性风险，将个体信用转嫁到政府信用，最终带来更大的、更难以承受的负社会外部性。而这个问题的症结又在哪里呢？对于这些追问，仅仅靠问题导向和相机抉择的补救式、家长式监管行为是不够的，需要我们从经济学、金融学的深层理论，甚至是监管哲学的深层视角去综合思考和理性审视。

中国现代金融监管必须构筑自身的理论框架和基础，考虑到特有的金融发展阶段和货币金融体制的特征，金融监管的理论框架至少需要将以下三大理论包括在内：

一是以发展经济学为基础的金融发展理论。中国金融体系的发展完善只有三十年左右的时间，在基础设施、机构种类、服务效率、市场化和统一化程度等都与发达金融体存在较大的差距，因此不能用主流的金融经济学理论来指导监管实践，需要用发展经济学框架下的金融发展理论来分析和审视演化过程中的种种现象和问题。金融发展理论中的金融抑制、导管效应、二元体制、货币化进程等，都对解读中国金融体系提供了理论洞见，也为中国特有的监管范式提供了操作指导。

二是以规制经济学为基础的外部性理论。规制经济学是为了解决市场失灵情况下，政府如何对企业进行监督和管制的学科。金融业之所以纳入经济规制的范畴，其一是信息不对称问题，其二是风险污染的外部性问题。当前传统的规制经济学在诺贝尔奖获得者让·梯诺尔等学者的努力下，已经升级到新规制经济学。尤其是梯诺尔和霍姆斯特朗共同建立的金融中介模型，为监管部门实施宏观审慎和逆周期管理提供了理论依据。中国金融监管的组织架构和政策框架，尤其是在机制设计等技术方面的实施，应该建立在新规制经济学基础之上。

三是经济内在不稳定理论和金融危机理论。明斯基的经济内在不稳定理论表明，市场经济的运行具有内生的不稳定性。在金融体系内，当庞氏融资积累到一定程度，会发生极端的系统性风险即金融危机。该理论发现了市场经济运行的内在规律，认为金融不稳定性和金融危机是内生的，那么金融监管措施就不可避免。

构建中国大金融监管的理论框架，并不是对以上三大理论进行简单的堆积加总，而是根据我国特有的金融发展阶段进行有机的融合，揉捏形成新的理论框架。在此基础上，是否应该根据道德情操论的启示构建一套金融伦理学体系？我们认为是非常必要的。虽然作为工具的金融没有道德属性，但是金融家和金融从业人员或许应该建立自身的道德标准。当然，对于这方面理论的过度演绎也应该保持谨慎，因为在道德范式下对金融活动的评价和约束，很可能会因为边界的不清晰而产生泛道德论和过分的“卫道士”行为，从而可能损害金融的经济效率和商业价值。但总体而言，我们认为中国的金融家应该自发地建立起饱含社会责任感的金融伦理体系。

金融去杠杆的内在逻辑

背景：监管部门从2016年下半年开启的金融去杠杆的基本逻辑是什么？

产业去产能的虚拟镜像是金融去杠杆，这是现代经济体系典型的宏观钩稽关系。金融业是一个强监管行业，不同于非金融企业，其杠杆率受到非常规范的硬约束（巴塞尔协议等国际标准），按理说不应该出现杠杆的过度扩张。然而，金融机构的盈利诉求产生了围绕监管套利的种种金融创新，产生了表外、表表外等不受或不直接受表内监管的影子银行业务。近半个世纪的金融危机史表明，影子银行业务的过度扩张往往是发生危机的主要原因之一。

历史的教训让监管当局忧心忡忡，“影子杠杆”成为本轮金融去杠杆的对象。而这些影子杠杆的投向标的，也主要对应着银监会在表内限制的“两高一剩”行业。穿透“层峦叠嶂”的交易结构，我们会惊讶地发现，影子银行的投向十之八九在政府平台和房地产行业上。在以抵押资产为信用中枢的商业银行体系里，资产荒的背后是信用荒，而政府平台和房地产行业能够最大限度地供给财政和土地信用。这样，对影子银行的去杠杆治理，背后意味着对政府平台和房地产等高度资金密集型行业的限制，这其实涉及了货币政策传导渠道的疏通和纠偏。

历史的经验告诉我们的另一件事情是，金融去杠杆是一件非常危险的事情，如同炸弹拆引信，稍有不慎就可能导致系统性风险。好在中国监管部门具有特有的体制优势，首先表现在政府对金融机构的控制上，使得监管部门可以通过一些行政的手段，按照自己的方式和节奏去杠杆。另外或许值得庆幸的是，这次金融去杠杆是主动的，影子银行的野蛮生态还处在一定的可控范围之内，“恶性细胞”还没有广泛扩散。以监管部门为主导的主动去杠杆，总会好于任凭市场疯狂任性而最终以一种惨烈的崩溃实现自我出清。

从时间结构来看，特朗普上台和美元加息尘埃落定以来短暂的“风平浪静”，以及 2016 年下半年以来中国经济生产领域显著的回暖反弹，为监管层提供了极其珍贵的去杠杆“黄金窗口期”。2017 年第一季度，中国的 GDP 增长率超预期地达到 6.9%，实体经济的“安全边际”显著增厚，而同时竟然没有显著的通胀压力，人民币汇率在 6.9 以下徘徊，距离 7 的关口也相对较远，这都为监管进入“收紧周期”创造了几年一遇的经济金融环境。

从空间结构来看，央行和银监会之间、货币政策和现场监管之间的组合和配合耐人寻味、值得把玩。首先，央行凭借最后贷款人的角色，在货币市场上控制住流动性，采取市场化加息的策略以提高金融杠杆的成本中枢；同时套上 MPA 的管理框架，通过广义信贷和逆周期资本约束等压住中小银行影子扩张的冲动。随之，银监会展开一系列的现场监管举措，一个月左右的时间连发近十个通知和意见，对商业银行公司治理、合规行为、套利行为，甚至创新、交易和考核等进行全面的监管治理。这次“大监管”举措的力度之大，可能在中国的金融监管历史上前所未有。

除了防控系统性风险，此次金融整治的另一个目的，则是疏通货币政策的传导渠道。众所周知，近年来，货币政策对实体经济的刺激效应已经衰减到“不经济”的地步，也就是货币信贷拉动GDP的效果非常微小，但付出的潜在系统性风险对价却越来越高。影子银行的疯狂扩张，使金融机构背负越来越重的“脱实向虚”罪名。虽然，无论环节有多少个、嵌套有多少层，最终的基础资产仍然在实体经济之中。但是，环节和通道的人为拉长，二级市场的过度投机，质押和代持的多次放大，以及资金在金融领域的扭曲闭环（比如大型国企利用信用优势，从银行贷款反过来买金融机构的理财），都可以看作是金融“脱实向虚”的证据。在这种情况下，央行的货币供给都只会停滞在金融市场上形成金融杠杆，却很难在实体经济领域形成扩大再生产的货币资本。

商业银行是中国金融体系的主导，也是货币政策的主要传导渠道，理所当然成为本次金融去杠杆的主要对象。对于一个依然依靠规模来实现利润扩张的行业，去杠杆下的“缩表”当然是痛苦的，但总比结构失衡下的无序扩张到难以控制的局面要好。监管当局正在利用这次难得的周期性时间窗口，修补和整固宏观金融运行体系；商业银行等金融机构也应该充分利用这一次微观时间窗口，坚决进行资产负债的结构调整，以便为新的“暴风雨”来临做好未雨绸缪式的准备。

第五章

商业银行：银行家的“成人礼”与经营逻辑重构

商业银行是中国金融体系的主导和支配力量，中国宏观经济的“三峡”映射到银行身上，是巨大的资产负债表调整和经营周期变换。这对中国的银行家来说，是真正考验战略管理和策略应对的时刻，这是银行家的“成人礼”。

然而，由于商业银行长期处在存款立行和营销主导的传统温床里，缺乏市场化风浪的洗礼和专业化要求的历练，因而面临着巨大的转型压力。虽然，商业银行也意识到了自身存在的这些问题，希望通过转型变革提高自身的“体制外”能力，但是由于缺乏独立、专业的思考研究体系和精致、务实的战略管理体系，导致长期以来相对于制造业等其他行业，商业银行的转型基本停滞在纸面上。但是，面对周期突围和金融闯关中的经济“三峡”，只有敢于摆脱温床、善于搏击风浪的银行，才能够而且有资格生存发展下去。

本章收录的文章分为三部分：“未曾遇的拐点——内外环境的新变化”，讲述了在流动性变局和美元加息的内外部冲击下，商业银行会受到什么样的冲击；“不得不的转型——战略的反思与重塑”，在梳理了银行战略管理现状的基础上，从现实主义的视角提出了方向和建议，同时在趋势上指出了商业银行应对新经济形势的转型路径；“市场化的选择——经营模式的新逻辑”，则从现实层面讨论了商业银行经营逻辑重构的问题。

未曾遇的拐点

——内外环境的新变化

◆ 凛冬已至，未来已来。金融周期末端，是资产端荒草蔓延的时代，更是负债端乡关何处的时代。一曲愁肠唱断，谁在枉然凝眉？

◆ 背后折射的不仅是对互联网金融“野蛮生长”后的技术觉醒和监管反思，还有中国金融体系下特有的制度内涵。

◆ 面对美元加息的冲击，商业银行应该改变过去依靠感性判断进行投资决策的方式，建立基于美元加息为核心冲击源的全球经济分析框架。

凛冬已至，还有多少人在假装干银行

背景：作为刚需金融服务商，市场化对银行来说意味着，不以客户为中心的业务模式都是假的。这样来说，匆匆而逝的那些年，有多少银行人在假装干银行？

一、利率市场化下，存款立行是个伪命题

一篇《存款立行》的粗浅随笔，突然火遍了朋友圈。有几个银行的朋友发来截图，说他们行长把文章发到了管理层群里要求集体学习，商量如何打好存款攻坚战。

还有个大学同学专门打来电话，说我是他们行的“人民公敌”。因为这篇文章，总行要求提高支行存款指标。他和几个支行长正一起喝酒商量怎么过来堵我家门口，但好像没人愿意出路费。所以暂时我还算安全。

一声叹息。难道大家只读了标题没读内容吗？看了这篇文章应该放弃存款情结，转而追求客户价值才对啊。标题党时代，自己挖的坑自己填。

有个读者的评论被点赞置顶。“存款立行是个伪命题，存款是客户对银行服务的馈赠。”说得很有道理，在利率市场化时代，再按照利率管制时代的理念，按照银行甲方的思维去要求客户存款，那是对市场规律的蔑视或无知。

利率双轨制，在可市场化资金的包围下，依靠窗口指导固守的基准利率存款，终将成为行将就木的沉舟病树。有些银行还在古董式地全民揽储，但一些银行已经依靠现代化的产品和服务万木千帆了。

无论怎样，文章引起了大家的共鸣。事后想了想，一方面是因为标题党，另一方面，文章的确用了点情绪，戳中了很多人尤其是一线银行人的痛点。数了数，三年写了八十多篇的专业财经评论，都比这篇专业严谨，却没有如此待遇。

由于一些营销和产品策略太具体，涉及内部文件和版权问题，没有办法公开。所以文章显得虎头蛇尾，以及有些结构凌乱和节奏断层。

但核心主题还是比较突出：那就是在央行变“虎妈”，银监变“狼爸”的时代，银行 cosplay 大投行和泛资管的蒙面晚会已经结束；老老实实做好客户群，回归经营货币的原生态才是正道。监管是一个轮回。你之所以成了你是因为你的最初。

因为，无论金融科技多么炫技，金融监管多么严管，世界第一、加起来是欧美总和的广义货币，总是要在银行系统存续经营。

当然广义货币不完全等于各项存款，但基本上保持一致。好好把这一百多万亿元的货币产能用足，就是三百多万银行人对中国银行业乃至全球银行业的贡献。

作为刚需金融服务商，市场化对银行来说意味着，不以客户为中心的业务模式都是假的。这样来说，匆匆而逝的那些年，有多少银行人在假装干银行？

凛冬已至，未来已来。金融周期末端，是资产端荒草蔓延的时代，更是负债端乡关何处的时代。一曲愁肠唱断，谁在枉然凝眉？

二、干的是对冲基金，还是商业银行

如果不是严监管时代的来临，如果依然是货币潮水汹涌澎湃，利率中枢持续下移，银行资产端长配超配政府资产（平台 + 土地）锁死信用风险，负债端从同业市场拿短期高波动低成本资金持续质押回购滚动加杠杆扩规模吃高频低息差，那么银行人躺着赚钱的模式可能还会一直维持下去。

银行人大都在披着大资管泛投行的外衣做同业业务。以至于有一次上课，一位同学问我经典的货币银行学教科书里怎么没有同业业务这个模块。我说教科书中的同业业务就是流动性管理。流动性、盈利性和安全性，并不是不可能三角。但中国商业银行的同业业务却将流动性异化为了盈利性，当年的同业之王何曾风光，如今是否"应悔偷灵药，碧海青天夜夜心"？西方经典教科书里哪会有这么中国特色的理论？

然而，所有带有捷径和诀窍的收获，都带有鸦片的属性。平台和房地产的资金饥渴，行业管制、合意贷款、窗口指导和分业监管等创造的套利空间，让追求利润和规模最大化的银行蜂拥吸食同业这块鸦片。所以有个外国同行不明白，打开中国商业银行的资产负债表，为什么贷款占比不到一半，甚至有些只有三分之一。这还是家银行吗？同业业务，分明是在用银行信用干对冲基金的活。但又无法像对冲基金那样交易自由打破刚兑。

故事还需要从头说起。从大约八年前的某一天某一家银行开始，银行的盈利来源开始从辛辛苦苦的实体经济存贷款模块，转向充满江湖气息在 QQ 群里上下求索在抽屉里暗藏海誓山盟的同业部门。金融市场部成了明星，同业业务成了主要的增量利润贡献来源。粗略来算，用占银行不到 10% 的人财物资源，管理一半以上的表内外资产，贡献着三分之一以上的利润，而且也不用什么网点，占用不了多少资本，成本收入比和 ROE 都超高。打开账面天量的浮盈，一片盆满钵满的丰收季节景象。

在这种情形下，谁能抵制住诱惑？资本本来就是逐利的，股东的利润压力，政府的税收压力，自身的规模情结，房价不断上涨下员工的薪酬要求，构成了多元利益主体的复杂诉求。在同质化的行业惯例里，在高压化的线性考核里，没有独立思考的银行家。

然而繁华终会落尽，产业总有周期。不知不觉中，同业资产不断积聚膨胀乃至自生长，利率中枢已经触及美国加息重定价后的中美利差底线。流动性日趋稀薄，交易开始在央行公开市场操作的刀锋上游走。当一个国家的货币市场，央行的官员被逼为交易员，货币政策的底牌都被看透，那么就意味着货币和信用的内生性增长机制消耗殆尽。也就是来自实体经济的信用生产断层，信用周期的维系只能依靠金融信用自身。

比如，银行发行同业存单买基金公司的货基，基金公司拿货基融来的资金买同业存单，然后银行拿发行同业存单融来的钱继续买货基，基基单单无穷尽也。问银行的交易员为何这么做，答曰花钱冲规模。的确，如果不将同业存单纳入同业负债接受 33% 的比例限制，那么这种模式下规模可以无限放大。然而这种信用的增长，完全失去了实体经济的支撑。

因为按照利息理论，借贷资本的利息应该来自产业资本的利润分成。那么金融信用自身膨胀的能量来自何处，以使这个正反馈机制持续下去？答案很简单，来自央行注入的基础货币。2015 年的股灾汇灾以后，央行小心翼翼地呵护金融机构的流动性和安全性，但不曾想被每年制订经营计划都企图跨越式发展的金融机构错误地理解为盈利性。

一场史诗级的对赌悄无声息地展开，所有的交易到最后都是在赚央行的钱。基础货币供给本来就在外汇流失的压力下手忙脚乱，现在一帮坏孩子又在不断的加杠杆增嵌套下嗷嗷待哺，而且看上去没有止境。再慈祥的妈妈也失去了耐心。大仁不仁。监管一发怒，银行资产负债表假的那一部分就发霉了。

尖峰时刻终于来临。当市场上的金融机构不约而同联合与央行成为交易对手的时候，金融体系也将变得脆弱不堪，灰犀牛影影绰绰。

三、干的是广义财政，还是商业银行？

负债端的故事余音未尽，资产端的故事才入木三分。资产负债表是一个平行演绎的故事，眼花缭乱的交易结构背后，都有着近乎相近的基础资产。那就是地方政府平台和房地产。

美国次贷危机以后，世界各国共同采用量化宽松的政策进行反危机干预。虽然都是印钞票，但中国的方式与美欧日等发达经济体完全不同。

美欧等采用的是单一的量化宽松货币政策，主要依靠中央银行投放基础货币。说到底就是资产负债表左右两端同时增加记账。左边资产侧借记各项资产，主要是有毒的房地产 ABS 和国债等，右侧负债端记货币发行及金融机构的存准等。钞票其实都根本用不着印，左右增加数字而已。

如果说发达经济体可以依靠成熟的中央银行 + 发达的金融市场，投放基础货币来实现危机后的货币救赎，那么中国依靠的则是庞大的商业银行 + 财政纪律松弛的地方政府，通过投放广义货币来拯救 L 型经济的台阶式失速。

这个时候，商业银行承担起了拯救中国经济的使命。记得四万亿那年，多少银行行长为了完成信贷投放指标，请客送礼央求企业贷款。而许多年以后，有一大部分资不抵债濒临破产的企业老板声泪俱下：我们企业都是被你们银行放贷给撑死的！

从财务原理来看，自由现金流是有限度的。原本好好干主业的老板手头突然多了几千万甚至上亿元的自由现金，原来踏实干主业的想法开始起杂念。一念之间，产能的无序扩张，造成一地鸡毛。

于是以钢贸为代表的中小企业信贷周期过后，在一片狼藉中商业银行开始追求信用体系中最核心的部分——政府信用。具体说就是国企＋地方债务＋土地财政。

中小民营企业的巨大风险，给商业银行的风险偏好狠狠一击。来自本能的保护性反应，使银行的授信审批官们开始只信得过政府。

或者说从市场客体信用，转为兜底方和主体信用。信用评估的关键点不是授信对象的主营业务盈利现状和前景以及财务稳健状况，而是企业的背景及兜底方，是姓资还是姓社的问题。

这两者在风控模式方面存在着巨大的差异。前者是对市场、行业、企业、产品技术和盈利前景等要素的艰辛而又专业的判断。有家主要干中小企业信贷的银行，客户和风险经理的皮肤都黝黑，是天天跑企业和商圈晒出来的。

而做政府类业务，只需要看看背景，哪一级政府来兜底，靠哪个地块来抵押增信，坐在空调底下明亮的办公室就可以完成整个作业流程。

于是分支行开始慢慢发现，总行的审批偏好越来越钟情于财政类业务。而市场化民营企业的业务由于涉及严密的财务分析和专业的市场前景判断，有些高新技术企业还需要工科专业知识。抱着看不懂的业务不批的原则，贷审会通过的民营企业项目越来越少，通过的政府项目越来越多。

这样的审批偏好指引着一线市场人员也钟情于财政类业务。与其费心费力风吹日晒地跑民营企业，不如跑关系找人情做几单财政类融资。而且期限长金额大能沉淀存款，一单就可以舒舒服服地过几年。

于是，大量的银行信贷资源开始蜂拥进入财政体系。央企，地方政府的城投平台，医院、学校等事业类单位，地方国企及房产公司成为了银行的主要客户。

财政和银行不是一个逻辑。前面说了财政看的是主体和兜底背景，商业银行看的是专业风控能力。中国是大政府小市场，财政金融一定要做，但不应该成为核心模块和战略主导业务。

因为财政金融业务对商业银行来说可能造成三大主要后果：

一是信用风险虽低，但加大了期限错配和流动性风险。政府类贷款动辄五年，有些要求七八年甚至十年。原则上这些长久期业务本身是属于资本市场的。风险一价，天上不会掉馅饼，天下也没有免费的午餐。信用风险降低了但流动性风险来了。当利率上行时付出的拆借成本不一定比不良付出的少。当然货币宽松利率下行的情况下则是受益的。

二是专业能力可能会退化。财政金融需要的是关系营销，主体信用的判断不需要太多的专业水平。专业人才会逐渐流失，关系型人才充斥。银行最核心的能力——风控能力，可能会逐渐退化。

三是风险偏好和企业文化有可能变形。稳健压倒一切成为拒绝创新的托辞，无法较好地平衡风险与发展之间的关系。客户匹配企业气质，机关化官僚化，小银行大企业病等问题都可能丛生。

况且，在当前财政体制改革的大势下，地方财政纪律越来越严格规范。投资端受到的限制越来越多，兜底承诺被明文禁止，债务转到银行身上并不是不可能；资金端财政类存款集中化、专业化和招标化趋势明显，过去物美价廉的财政存款，可得难度和付息成本正在不断提高。

招行行长田惠宇曾大声疾呼，我们干的不是银行是财政。那年招行立志再次推进转型做真银行。如今，已经成为中国银行业的优秀代表。

四、干的是通道套利，还是投资银行

商业银行都有投资银行模块，几乎所有银行也启动了投行化转型。但是，从根本上来说，商业银行和投资银行在理念甚至在基因上有着很大的不同。

从企业的微观财务视角，投行关注的是企业的资本结构，解决股权和长债融资的问题，面向的是资本市场。在企业 IPO 和发债过程中，投行与企业客户具有分成式的利益绑定，这取决于资本的认可。真正的投行是企业的财务管家。

而商业银行与企业之间的利益分成，从理论上来说来自企业的利润，体现了实体利润在借贷资本和产业资本间的分配。但现实则更倾向于利息作为财务成本，虽然分析师喜欢用息税前利润作为衡量企业价值的重要指标。

这将导致商业银行与企业存在一定的对立关系。尤其是经济下行期，银行会紧盯企业考虑怎么抽贷退出。经济好的时候，支行长天天给企业老板打电话，是为了一起喝茶；经济不好的时候，支行长也天天给企业老板打电话，是担心老板跑路。信用风险恶化，人们难免风声鹤唳。

投行密集的是人力资本，投行客户经理往往对接的是企业的董事长和资本战略。商行密集的是货币资本，其客户经理对接的可能只是部门财务人员，对企业来说，站的高度和角度也就不同。

那些年银行纷纷设立投行部，其实干的大部分是结构化融资。也就是通过设计通道来腾挪信贷资产。人才和机制决定了，银行很难真正做投行。很多券商干的也不是真正的投行。通道业务，实际上就是经营许可证的折现，是监管套利寻租的市场化。而通道服务的主要对象，就是平台和房地产。

中国有两个备受指责但又离不开的行业：一个是房地产，一个是地方平台。

这两个领域，由于受到财政纪律和监管部门的严格限制，并无法自由地获得商业化的信贷资源。

由此诞生了眼花缭乱的影子银行和层峦叠嶂的交易结构，非标准化融资成为中国金融语言体系中的神秘一环。对于银行来说，左手投行业务设计结构搭建通道，右手资管业务设计理财产品实现募资。闭环形成，螺旋式自生长。

于是银行打着投行的名义，做着烦琐的材料文案整理和抽屉协议保管工作。而另一端的资管业务，则在刚兑的隐性承诺下，假装代客。

五、干的是商业银行，还是资产管理

大资管盛世，不过是银行信用的另一种延伸。理财赚的依然是期限和信用利差，否则代客才会有多少利润，大头都分给投资方了。

资管业务的繁荣，是市场对利率管制的另一种反抗，是银行对互金和非银产品的无奈应对。同期限的理财和存款，利息汇报相差近 300bp。这明显违反一价定律，同一个商品，同一个市场怎么可能两个价格？

存款理财化势不可当，保险、券商和基金等也纷纷加入理财行列，再加上互金等第三方机构，抓住利率市场化时代最后的契机，恶意提高定价庞式圈钱。银行不断做大零售理财和对公现金管理，自己革自己的命，相当于变相提高利率，也的确是无奈之举。

恰好在资产端或者投资端有大量的非标对接。大资金—大资产，大资管—泛投行的表外资金池和资产池打通，无论是影子的银行还是银行的影子，在银行可见的资产负债表之外，构建了一个更加复杂、更加庞大的金融大厦。只是这个大厦，没有坚实的根基。

而这个大厦快速的崛起，来自于中国特色的金融信念——刚性兑付。银行怎么可能破产？这成为一大部分投资者的信仰。而这个信仰，直接导致中国的金融资产无法实现真正的风险定价和风险出清。微观上则导致缺乏真正专业的风险管理人才。和前面提到的逻辑一样，投资者关心的是姓社还是姓资，而不是产品背后基于专业深入调查得到的风险认知。

既然是刚性兑付，既然无法实现风险隔离，那么就仍然是银行信用。理财，不过是变种的、可以实现市场化定价的存款而已。其实我们一直好奇，当初说好的利率市场化实现后，理财就消失的现象怎么没有实现？逻辑推演非常完美啊。

当然也是因为“中国特色”。没有了存贷款利率管制，我们还有个窗口指导。在中央银行学货币政策工具箱中作为跑龙套的窗口指导，在中国的货币政策工具箱里成了主角。这个主角，说不破、道不明。

政策层对这一切看得很透，所以才推出资管新政，一心想打破刚兑，建立现代化的金融体系，与国际金融体系接轨。再“中国特色”，也要遵守金融和银行的基本规律。但我们通过情景模拟分析后认为，打破刚兑、净值改造、消除错配这三大核心举措，实施起来存在极大的技术性障碍，而且极易诱发系统性风险。不排除此次新规有雷声大雨点小的嫌疑，但资产管理未来的发展方向已经指明。

六、反思传统经验和“中国特色”，追求专业银行的普世价值

这部分是关于实践建议的方案，主要内容是讨论如何将“中国特色”与银行的基本原理相结合，形成可落地的有实践价值的举措。

但我们坚持认为认识和理念，是银行人做真银行的前提。如同医疗，

其实最重要的是诊断。但有多少人没有耐心去思考和分析，就急于想知道答案。不知道问题的症结所在，告诉你答案也不会真正理解。相反，把问题想清楚或者底层逻辑想清楚，行动是自然而然的事情。

经济上行期，银行人往往把跨越式发展的成功归因于个人经验和“中国特色”的行动逻辑，轻视甚至蔑视外资行在管理上的先进经验。比如独立审批制，比如系统化的资产负债管理，比如研究和战略驱动型的经营计划模式，比如精细化的成本管理和对专业人才的培养和激励等。

多少银行人，把上行经济周期和宽松货币周期带来的系统红利，当作“中国特色”的胜利果实。但一旦处于经济下行阶段和遭遇规范化的监管，就会付出较大的代价。

对于银行来说，并不是走得多快，而是走得多远。流动性、安全性和盈利性的平衡，是一个优秀银行家的核心价值。西方发达国家的商业银行，经历了几百年的历史，十几个经济周期，所沉淀下的现代商业银行体系，并不是摆设。

在西方现代商业银行体系与中国的商业银行之间，并不缺乏战略专家，而是缺乏一个能有效糅合两者的“转型工程师”，或者说一个能深入理解现实约束条件并在约束条件下推动银行技术曲线外移，从而与社会主流的金融偏好曲线相切的“组织架构师”。

实际上，当前以推动银行转型为主业的全球著名咨询公司，并不具备这样的能力。他们有现代商业银行的行动手册，但并不完全理解其客户难以摆脱的路径依赖和意识形态。进化需要时间，需要代价，需要淘汰和净化。

因此中国银行业的现代化改造，需要全体银行人的觉醒和反思，尤其是管理层的彻底“洗脑”。从假装干银行到真正干银行的转型，需要的不仅仅是专业能力，更多的是对金融规律的敬畏。下一代中国银行家，一定出自具有实践洞见、求知热情和迭代式学习能力的谦虚而有温度的银行人。

金融科技的中国之路：基本发现与应用逻辑

背景： 金融科技成为整个金融业与监管层共同关注的热点。背后折射的不仅是对互联网金融“野蛮生长”后的技术觉醒和监管反思，还有中国金融体系下特有的制度内涵。

要更加广阔和深远地理解中国的金融科技发展之路，必须将第四次技术革命与当前中国的金融市场化、金融深化、金融全球化联系在一起，在技术和制度两个层面上下求索，方能找到其中的演化路径和内在逻辑，从而找到金融科技在中国的发展方向和应用前景。

一、如何理解互联网金融的“中国式”繁荣

一个需要注意的现象是，互联网在中国金融体系掀起的热潮，在欧美等发达国家和地区并没有如此明显地出现过。客观来说，技术是中性的，但如果在不同的国家有不同的表现，一般来说原因应该是存在制度属性的差异。中美之间的制度差异在哪里？主要体现在管制的差异以及由此造成的交易成本差异上。由于中国市场经济不完善，无论实体经济还是金融市场都存在着广泛的管制，衍生出各种管制成本，构成了交易成本的主要部分。这些交易成本不仅是显性的各种税和费，还有隐性的各种无法用财务计量的行政成本。尤其是一项交易可能走很多部门盖章审批，其消耗的时

间成本相比显性的税费还要高昂得多。而在线上，相关行政方面的管制成本很低，或有的交易摩擦和交易成本相较传统交易模式来说也较低，大大提升了交易效率。

因此，过去几年互联网金融的快速生长，一方面是为了规避线下的管制成本而进行的线上迁移。从这个角度来看其繁荣原因，技术属性的因素少一些，制度属性的因素相对更多一些。比如余额宝，2013 年的天弘基金是亏损的，但被阿里巴巴收购后，短短半年内规模就能达到四五千亿元。这样的规模，传统的中小银行至少需要十几甚至几十年的时间才能实现。而在 2013 年，国内规模超过五千亿元的银行还不到 20 家。原因就是这些"互联网银行"没有严格的监管约束，如资本充足率、贷存比、合意贷款规模、存贷款利率等的约束。正是这种宽松的"自由化"环境，造就了过去一段时期互联网金融行业的快速发展和繁荣。这种线上线下差异形成的体制套利机会，在金融制度相对完善的美国是没有的，因此也没有出现互联网金融这种过度的繁荣。

可见，中国互联网金融的演化逻辑，主要是基于线上线下的制度比较优势。

二、从本质看金融科技演变的内在逻辑

从互联网金融到金融科技，从形形色色的概念到求真务实的应用，表明这些年金融机构在实践过程中正逐步变得成熟、理性。从顶层设计的层面来看，监管层的关注点正在从金融创新、金融自由化，转向防范系统性风险以及推动金融更好地服务实体经济。2017 年中央工作会议和各部委工作会议、全国金融工作会议以及党的十九大，都把防范系统性风险放到了首要位置。虽然政策层过去几年互联网金融发展的试错容忍度很高，允许

一部分先行者先试，但当这种新兴的金融力量生长到一定程度，逐渐靠近或触及系统性风险的底线，就会引发监管层对互联网金融的规范越来越严格。最近两年，从 P2P、第三方支付到第三方理财，都开始了不同程度的规范、整肃和清理，严监管成为未来的大趋势。那么，从互联网金融转向金融科技，应该说政策层意志在其中发挥了外生力量的作用。

从金融发展和科技进步的自身规律或内生力量来看，也有演变的内驱力在其中。任何一项新生技术的发明和应用，都需要经历一段去伪存真、回归本源的过程。中国这样一个巨大的经济体、金融体，每时每刻都产生着大量数据和新的客户体验及场景需求，这些数据包括产业数据、消费数据、税收数据、金融数据以及各种非结构性数据，就像巨大的宝藏需要科学的分析方法去挖掘，变废为宝。但是，过去几年互联网金融的野蛮生长，并没有做好这些应该做的事情，包括构建好数据的底层架构、打好大数据分析的基础等，因此这些宝藏还比较原始和粗放。这个使命需要内涵更深、范畴更广的金融科技来完成，让大数据分析、移动金融、人工智能、区块链、物联网等能够以更加立体化、多维度的技术体系，承载起金融文明演化的工具职能。

三、正视金融科技对传统金融的替代

在金融科技的体系里，监管套利的动机正逐渐淡化，技术应用的目的不断强化。尤其是近一两年，区块链、人工智能、大数据平台等发展非常迅速，包括商业银行在内的传统金融机构持续加大对金融科技的投入和应用。金融科技要发挥真正、持久的生命力，必须回归技术革命的工具本质。总体来看，金融科技对传统金融模式的冲击主要体现在三个方面。

一是效率的替代。传统金融的优势在于规模、重资产和稳定的运转体

制，但是在效率、迭代和创新方面存在较大的体制性约束。金融科技要突破的是传统金融的效率约束，无论是以往的信息自动化、电子银行，还是当前的数据银行、直销银行、智能投顾、区块链、金融云计算，实际上都是在效率上下功夫。以智能投顾来说，这种基于大数据的精准算法，能够完成以往需多个经验丰富的投顾人员才能完成的工作，节约了大量人力成本，且合规风险较小，极大提高了金融作业的效率。还有银行采用区块链实现对票据和供应链金融的风控，效率得到几倍甚至十几倍的提高，这是传统的以稳定为主的金融机构难以望其项背的。

二是交易的替代。金融科技正在创造一个自交易、自会计、自清算的时代。比如有基金公司通过区块链和算法建立自己的托管系统，而不再需要委托银行完成托管业务等。在区块链的范式下，交易即核算，会计成为实时过程。交易行为与核算、会计连在一块，传统的会计、托管和核算都将消失。从前瞻性的意义来说，区块链将消灭一切以规则为依据的行业。自交易所的趋势正在酝酿。如果技术成熟，应用通道打开，区块链可以为每个微信群进行交易，会计、核算、清算，都可以不依赖某个权威中心而全部自我完成。在这个意义上，未来的量化对冲、券商的规模交易等，都将被人工智能和某种算法替代，而且这些人工智能和算法本身有迭代能力，能够根据场景和环境变化自我进化，实现对组合和交易规模限制的突破。

三是货币的替代。货币最本质的职能是交易媒介，财富贮藏和价值尺度则是衍生出来的职能。金融科技时代，非纸币化是必然的趋势。从历史来看，货币的演化需要过程，从实物货币到信用货币到数字货币，本身就是进化的过程。对货币的替代，实际上是对货币职能的替代，只要某种算法可以取代货币的功能，那么完全的货币替代就会成为可能。如果法定的纸币缺乏信用锚，没有规则地滥发超发，造成通货膨胀，那么货币的替代和竞争就会发生。如果在某种算法下，既能解决通胀，又能满足交易的需求，那么这种货币就具有竞争力。

四、金融科技推动金融回归服务本源

一方面，当前传统金融面临的一个重大问题是资产荒；另一方面，实体经济有大量的融资需求却得不到满足。金融资源供需之间产生的较大错配裂口，导致出现货币资金在金融体系内部空转，在不同的金融机构之间相互拆借和交叉代持，而进入不了实体经济的现象。金融科技在解决金融空转的问题上，则具有得天独厚的优势。

首先，资产荒也好，金融空转也好，产生这些问题的深层次原因都是因为信用的缺失。由于信用缺失，金融机构不敢投资、无法定价，实体经济尤其是中小企业的融资需求得不到满足。淘宝、天猫、蚂蚁金服等，本质上解决的都是传统交易中的信用问题。实际上，每个人都有信用能力，但在信息不对称的情况下，需要介质来向其他人传达。“蚂蚁们”做的事情，就是通过让个人沉睡在数据中的隐形信用转化为可以被社会认知的标准化信用，让信用成为财富，给信用赋能，产生正向价值，也就是信用的资本化、价值化。

其次，需要加深对“信用”这一概念的理解。信用，有信就要用。现在社会中的各种“套路”，都源于社会信用体系不够完善。让负信用的人获益，对正信用的定价就会扭曲。长期以来，中国金融体系以间接融资为主，主要依靠银行创造和识别信用。银行创造信用主要依靠政府背书，识别信用的能力也主要限于抵押和担保，一旦经济环境发生变化，抵押式信用就会出现问题。比如那些缺乏抵押资产的中小企业很难产生自己的信

用，这样就得不到传统金融的服务。金融科技却能够通过大数据、区块链、智能算法等技术，产生新的信用来替代缺失的抵押信用，解决中小企业和个人的信用缺失问题。

最后，金融脱实向虚的原罪并不在于资本和货币，而是金融体系出现了大量提供超额利润的套利机会。钱进不了实体的直接原因是相对于金融领域，实体经济赚钱不容易、风险大。资本是逐利的，如果实体经济能产生合意的资产回报，根本不会产生这个问题。当前资产配置有两大趋势：一是全球化，资金投放在海外；二是另类化，超越传统的投资和资产配置模式，投放于对冲基金、艺术品等，两者都没有进入国内的实体经济。

分析这个问题，不能回避一个现象，就是中国金融领域有太多的套利空间和投机机会。背后的逻辑，又是金融领域各种管制导致的，如股票的一二级市场套利、利率汇率双轨制套利、影子银行的资本监管套利等。更严重的是，资本市场可以帮助这些套利资金进行资本化套现。金融科技在这种非均衡套利经济中则扮演了“终结者”的角色。技术进步可以倒逼制度改进，主要体现在两个方面：一是通过加速套利来消灭套利，让金融领域的风险定价回归一价定律，即风险调整后的收益率满足社会一般利润率，金融领域的资本回报率与实体经济投资相比不再具有较大的优势和诱惑力；二是通过大数据、人工智能、区块链等金融科技，创造信用以解决信息不对称问题，帮助政策层解决套利产生的底层体制原因，从制度的基础层面真正促进金融的深化和市场化，而不仅仅是规模的粗放增长和边界的无序扩张。

从以上意义来看，第四次技术革命，正是加速中国金融体制改革的一个重大契机。

美元加息冲击商业银行的五个渠道

背景： 自 2015 年 12 月美联储开启加息通道后，全球金融体系开始动荡不安，风险资产的交易和定价都紧紧围绕美元加息这一风暴眼展开。在这种形势下，中国的金融市场也难以置身其外。

自 2015 年股市波动和 8・11 汇改以来，股票、债券等人民币资产都开启高频震动模式，给中国的金融体系稳定性带来了较大的挑战。商业银行作为中国金融体系的主导，势必也直接和间接遭受美元加息的冲击。总的来看，美元加息冲击商业银行体系主要通过以下五个渠道：

一、资产负债表渠道

如果商业银行在前期人民币上升通道，在负债端超配了美元（外币存款或以美元计价的债券），在资产端却没有配置充分的对冲盘，那么就会形成大量的美元敞口（汇率风险暴露），也就是所谓的货币错配问题。在美元加息的情况下，美元指数上升，人民币汇率贬值，会形成较大的汇率损失：一方面，美元负债的价值在升高，另一方面非美元资产的价值却在下降，随着汇率的波动形成账面损益，对资产负债表造成损害。

由于资本账户存在限制，商业银行表内以美元计价的资产负债数量并不大，外币存款占比平均在 5% 左右（根据业务特征不同银行的差距比较大），存在一定的外汇敞口，表外的货币错配影响也较大。美元加息通道确认以来，商业银行主动缓解货币错配的程度，外汇敞口已经大幅缩减，使得这一渠道遭受的冲击得到较大的缓释。但表内外美元债务敞口较高（比如美元金融债发行较多）银行的资产负债表相对来说，对美元加息的冲击应对会较为脆弱。

除了货币错配，美元加息还可能通过金融市场冲击银行的资产负债表。即美元加息引发的人民币大类资产价格波动，会形成市场风险直接冲击商业银行资产组合中的债券和股权价值（包括股权质押类信贷等）。

二、流动性渠道

美元是世界货币的基础货币，美元加息意味着各国货币的基础货币在收缩，所造成的直接后果之一就是各国银行的基础货币供给受到较大的冲击。尤其是，过去多年来依靠外汇储备作为货币发行准备的国家。当美元加息开始，人民币贬值预期通道打开，往往立即出现两个直接的反应：一是企业和居民会尽快偿还美元负债，以减少人民币贬值下的敞口损失；二是进行反向货币配置，将手中的人民币换成美元，并尽可能配置套利组合，即负债人民币化＋资产美元化。这造成的货币支付链条就是，企业和居民通过商业银行购汇，商业银行向人民银行购汇，人民银行资产端外汇储备减少，同时负债端的基础货币减少，最终在货币市场上造成流动性紧张。

然而，更加突出的难题是，在流动性紧张的同时，央行的货币政策非常有限，不敢贸然采取降准的举措来增加货币供给，因为增加的货币供应又可能会形成兑换美元的筹码。因此，当由于外汇市场形成对货币市场的流动性压制时，商业银行的流动性环境将变紧。虽然央行可以采用除降准之外的 PSL、SLF、MLF 等公开市场工具来增加流动性供给，但会有额外的成本损耗，以及较高的波动（回购到期和再贷款到期等）。所以说美元加息会使商业银行的流动性环境变紧并且波动幅度加大。

三、利率渠道

当外汇市场和货币市场的联系处于紧约束状态，汇率和利率的传导也将极度敏感地板结成一块，甚至在波动上形成统一的振幅。有研究报告做过统计检验，发现中美基准利差与人民币美元汇率之间的回归关系最为显著。也就是，美元加息 + 人民币降息造成的中美利差收窄，直接形成了人民币贬值压力以及贬值预期。如果说 8 · 11 汇改以前，人民币贬值预期还没有特别强烈的情况下，汇率约束对于国内利率来说是松的，央行还拥有一定的降息空间。但在 8 · 11 汇改、美元加息点阵图形成，尤其是特朗普上台强化了美元加息预期后，国内利率进一步下调的空间几乎耗尽，即使人民币与国际发达国家货币的利率相比还存在较大的下降空间，但从边际上却几乎没有下调的余地，因为汇率已经将利差的绝对水平定价了。

于是，美元加息一方面会降低人民币利率下降的空间，另一方面也会造成短期利率的较大波动。从近期货币市场出现的钱荒来看，后者的影响较为明显。对商业银行的冲击是，资金业务（包括自营的投资账户、委外，负有刚性兑付责任的代客）所配置的大量债券的收益率将变薄，在利率大幅波动的情况下甚至出现账面浮亏。虽然在持有到期账户内不会立即形成实际的损失，但当流动性出现极度紧张的时候会付出折价处理后的流动性成本。总结来说，美元加息冲击商业银行的利率通道是：压制利率中枢下移空间造成配置端资产价值萎缩甚至浮亏，并增大了固定收益账面价值的波动。

四、交易套利渠道

交易套利渠道主要针对外汇交易量比较大的银行（无论是自营还是代客），以及利用内保外贷、贸易融资、外资租赁公司跨境售后回租等业务进行套利的银行。由于过去几年人民币长期处于单边升值状态，交易盘的配置也相对简单，即多人民币空美元。由于这种无风险套利的存在，使得商业银行很多贸易金融客户将本来作为套期保值的汇率风险对冲，转变为套取人民币升值的投机盘；有的客户甚至下注筹码较大的（远超真实贸易）的对赌协议。当美元加息通道开启，原先建立在人民币单边升值预期上的投机策略立即失效。由于外汇及其衍生品交易都是高杠杆业务，汇率些微偏离预期的波动都会造成巨大的账户价值波动，很多银行客户在美元加息过程中蒙受了巨大损失，银行的自营盘也有较大的亏损（由于风险限额限制，损失可控并能及时建立起反向套利盘）。

美元加息对商业银行自营和代客的外汇及衍生品交易都带来较大的冲击，尤其是那些习惯了人民币单边升值缺乏汇率双边波动考验的银行交易员们。因此，在当前的外汇市场环境下，商业银行的外汇交易应该采取更加谨慎的态度。

五、信用评级渠道

美元加息下，人民币贬值以及汇率波动变大，对人民币资产价值和经营人民币为主的金融机构的信用评级带来较大的压力。历史经验也表明，在美元加息期间，受到加息冲击影响较大，资产负债表较为脆弱、隐含风险较高，以美元计价的资产价值呈下降趋势且价值波动较大的金融机构，所获得信用评级将逐渐下调。因为，在美元加息、非美货币贬值的环境里，一个国家的金融机构信用评级往往和主权货币评估联系在一起。2016

年下半年以来的一段时期，国际大型评级机构下调多家国内商业银行的评级，也是跟人民币贬值以及我国银行自身隐含的风险存在较大的关系。

除此之外，美元加息还会通过客户渠道冲击商业银行。在人民币汇率贬值预期加大，美元资产收益率与人民币资产收益率差距日益缩小的情况下，客户对国外资产尤其是美元资产的配置需求将越来越大；那些在资产配置方面无法实现全球配置的商业银行，在美元加息的情况下很可能面临客户流失的风险。

了解了美元加息的冲击渠道，商业银行的应对举措也就一目了然：改变过去依靠感性判断进行投资决策的方式，建立基于美元加息为核心冲击源的全球经济分析框架，强化人民币汇率的研究预判能力，严格按照汇率风险限额进行货币错配风险的管理；高度重视流动性管理，实时跟踪央行和监管部门的政策取向，动态调整头寸备付能力，保证满足监管要求的流动性指标要求；加强利率风险管理，建立基于利率高频波动的免疫策略，防范基差风险和收益率曲线风险；在风险密集高发区间，减少外汇投机盘口，并严格按照风险限额建立衍生品头寸。减少以美元计价的债务敞口，按照国际标准（巴塞尔协议等）整固资产负债表和消除隐含风险，体现经营的稳健特性。

不得不的转型
——战略的反思与重塑

◆ 战略管理区别于一般管理活动的核心之处在于，前者是一种类似的“种树”行为，“桃三杏四梨五年”，每一个战略举措都存在一定的“投入—产出”周期，因此那些认为战略是捷径和窍门，战略能“毕其功于一役”，战略当期落地就能当期见效的“成功学”思维是错误的。

◆ 面向未来，商业银行必须突破传统模式的束缚，从管理模式和组织架构重塑入手，抓住互联网金融和金融科技的契机，真正建立以客户为中心的“综合服务”体系。

◆ 经济新常态的虚拟镜像是金融新常态，未来几年，商业银行必须要在金融新常态中，重构自身的盈利模式，由厌恶风险、存款立行、营销驱动，向经营风险、资金立行和产品驱动转变，建立大风险、大资金和大产品运营体系。

中国商业银行战略管理的现状和未来

背景：作为一个周期敏感度极高的行业，商业银行战略管理的目的，说到底就是为了摆脱“周期律”的束缚，在外部环境的变动中保持盈利性、安全性和流动性的均衡发展状态。但从当前上市银行公布的财务数据来看，在战略管理层面我们并没有看到明显的效果，各家银行的经营指标仍然表现出明显的周期一致性或行业同质化：不约而同的利润率下跌、不良率攀升、规模与效益严重背离等。这些现象促使我们要问的是，商业银行的战略为何没有发挥差异化的周期对冲能力？在日益紧张的财务约束面前，是否还有冗余的资源投入到新的战略布局中？进一步的反思是，在一个“计划不如变化快”的环境里，传统的战略管理方法是否还适用？如果不再适用，那么需要一个什么样的战略制定及管理的方法论框架？本文就是带着这些问题，展开一系列尝试性的思考。

一、现状：商业银行几个主要的战略方向

改革开放以来，中国银行业的改革发展历程中有两个阶段至关重要：第一个是20世纪最后十年的商业化改造阶段，包括国有银行的独立商业化经营、股份制商业银行的成立以及城市信用合作社改制为城市商业银行等；第二个是21世纪初开始的股份化重组阶段，在这个阶段商业银行上个经营周期积累下来的不良资产被剥离或重组，开启了商业银行相继上市

的大潮，同时现代化的商业银行治理体系逐步走向完善，并借助全球化和城镇化的周期红利实现了跨越式的发展。回头来看，事实上这两个阶段分别承载着银行的两个经营周期。

在第一个阶段，银行受制于金融管制和自身能力的限制，基本缺乏战略自主空间，大多数银行并没有制定自主的战略规划与管理体系。进入第二个阶段以来，随着现代商业银行体系的建立，尤其是公司治理制度和监管制度的完善，银行的战略规划及管理，一方面成为董事会和监管部门的外部“刚需”，尤其是随着登陆资本市场的银行越来越多，基于市值管理需求的战略规划和管理显得尤为重要；另一方面，战略管理也逐渐成为银行基于自身长远发展和品牌塑造需要的主动作为，各大银行在获取高额利润的同时，自身也开始反思盈利的稳健性和可持续性，几乎每个银行都不约而同地意识到依靠对公大客户的单一存贷款模式是不可持续的，未来商业银行必须要走差异化、特色化的道路。于是各家银行开始竞相制定自己的特色化战略，但由于金融监管、政策干预、非技术壁垒（一般无专利保护，可复制性强）、强亲周期性等行业特征，再加上经济上行期商业银行没有盈利压力，随行就市就可以较好地满足各方利益需求，也就缺乏战略转型的动力。

从上市银行近十年的表现来看，银行在经营管理方面无外乎主要聚焦以下几大战略：

1. 零售银行战略。普遍认为零售银行具有稳定性高、风险低、客户潜力大、可持续性强等战略价值，加之美国、中国台湾地区等国家和地区的优秀零售银行的案例佐证，几乎所有的银行都将零售银行业务作为最主要的转型方向。代表性银行为招商银行，其长达十几年将零售业务作为转型业务进行战略变革，相继构建了一次转型和二次转型的战略阶梯，2016 年取得了比较显著的业绩表现：2016 年第一季度，零售业务的收入占比已经超过了 50%，并积累了相当可观的在经济下行期凸显成本优势的核心负债。即使考虑到统计上的一些可商榷的地方，这样的业绩表现仍然远大于业内平均水平。但大部分银行尤其是城市商业银行等小银行的零售业务并没有明显的改善，即使这些银行也将此作为主要的战略方向。

2. 小微金融战略。因为大型企业尤其是国有企业具有风险小、成本低、关系资源可利用度高等优点，成为商业银行最青睐的服务对象，也是商业银行最主要的盈利来源。但银行尤其是中小银行早就意识到，大客户也有竞争激烈、集中度高、定价弱势、稳定性差等缺点，肯定无法作为长期发展所依赖的力量。从市场的容量来看，中国的小微企业占整个企业数量的 90% 以上，具有巨大的金融服务需求潜力可挖，可以较好地满足利率市场化对定价要求的提高，再加上监管和产业政策的鼓励，中小微企业曾经在某段时期被公认为银行的蓝海业务，几乎每个银行都将小微金融作为战略重点之一。民生银行是小微金融战略的典型代表，其将战略定位直接定义为“中小微企业的银行”，创新的一系列小微金融产品曾一度成为行业竞相模仿的对象。

3. 互联网金融战略。与过去电话电信、电算化等技术对银行的冲击一样，互联网信息革命对商业银行业也产生了较大的冲击。尤其是 2012 年互联网金融元年以后，银行体制外的互联网金融企业比如第三方支付、P2P、股权众筹等机构野蛮生长，马云的“银行改变论”在业内引起了不小的恐慌。在这种局势下，无论是国有大银行还是城商行等小银行，都纷纷加入了轰轰烈烈的互联网金融大潮中，从网上银行、手机银行、P2P 平台，到建立自己的电商、直销银行，都不惜重金企图在互联网金融上确立自己的优势。于是最近几年，IT 科技领域成为商业银行投入的重点，笔者估计每年各家银行投入到其中的费用占总成本的比例在 1/8 ~ 1/4。

4. 同业金融战略。自 2011 年左右监管部门加强存贷比考核和对房地产及地方政府融资平台限制以来，同业金融因其不占贷款额度、可以绕过“两高一剩”的限制行业，同时可以节约资本和易于与“大资管”对接，逐渐成为所有银行的战略方向，无论是所谓的“一体两翼”还是“四轮驱动”，各家银行都明确将同业业务作为转型的重点。兴业银行是同业金融的先行者，被誉为“同业之王”的美名。

5. 精细化、综合化、集约化、轻型化等转型战略。业务层面的战略之外，在中后台管理和组织架构方面，银行也积极展开了转型，管理的精细化、服务的综合化、资本的集约化、资产的轻型化，这“四化”成为银行管理转型的主要方向。在组织架构方面，事业部改革则成为各家银行进行推动专业化战略的重要方向。下表列示了主要上市银行的战略目标和定位。

主要上市银行的战略目标和定位

银行	战略目标和定位
工商银行	“三大一化”：大零售、大资管、大数据和信息化
建设银行	多元化服务、集约化发展的、含有创新银行 + 智慧银行基因的综合银行集团
农业银行	立足“三农”，城乡联动；走向国际、服务多元的国际一流银行
中国银行	服务多元化、海内外一体化的大型跨国银行
交通银行	打造国际化、综合化的财富管理银行
招商银行	一体两翼：以零售银行为体，公司和同业金融为两翼，打造轻型银行
兴业银行	一体两翼服务体系 + 七大核心业务群
民生银行	特色鲜明、拥有全球竞争力的跨界互联、聪慧共赢、平台型现代金融服务集团
浦发银行	围绕“spdb+”互联网金融战略为客户搭建共赢金融生态圈
光大银行	综合金融、大零售、互联网金融
平安银行	专业化、集约化、综合金融四大特色，公司、零售、同业、投行四轮驱动
华夏银行	中小企业金融服务商，定位“三中”业务
北京银行	综合化、差异化、精细化，以大零售和交易银行为基础确立可持续发展优势
南京银行	综合化、消费金融、金融市场专业银行
青岛银行	以接口银行为特色，以对公业务为基础，以金融市场业务为新增长点，全面树立零售业务优势
哈尔滨银行	打造国际一流的小额信贷银行

资料来源：各上市银行近两年年报总结

二、反思：商业银行战略管理的痛点分析

过去十几年，从商业银行战略管理的实际效果来看并不如意，一方面业务同质化的趋势仍然存在，各家银行的业务大同小异，战略转型方向也都基本一致；另一方面在经济周期掉头向下后，并没有看到有哪家银行能够通过战略管理摆脱"周期律"。究其原因，我们认为是银行没有准确找到战略的痛点，或者找到了战略痛点但并没有得到实质、有效的解决。

1."慢工出细活"的零售银行，痛点是成本和缺乏优质资产。众所周知，零售业务是银行费时费力且盈利较难的领域，就当前的情况来粗略估算，零售银行能盈利的银行不多，其进步主要体现在存款的提升和资产管理业务的发展。但作为"费用驱动型"和"人海战术"的零售业务，投入的成本可能也很高，大部分银行的成本收入比远远高于全行平均值。零售银行业务的另外一个痛点是缺乏优质资产，这方面与西方发达国家的情况不一样，美国等西方国家的杠杆率较高，因此在个人抵押贷款、教育基金、消费金融、信用卡、有价证券等方面创造的资产非常庞大。但由于中国居民过高的净储蓄率，杠杆较低且主要集中在住房按揭贷款，导致零售金融主要集中于负债业务，在当前资产荒的局势面前，无法供给有效的零售生息资产，因此也就无法形成完整的价值链闭环，导致短期内中国的零售业务无法产生成熟有力的利润贡献点。

2."周期敏感型"的小微金融，痛点是风险管理。与国有企业、政府融资平台、大型民营企业等具有较强的主体信用和抵押品相比，小微企业的信用更加强调第一还款来源，因此风险管理更加复杂、更加专业。2016年，一方面经济下行周期恶化了小微企业的生存环境，小微企业的整体状况不容乐观；另一方面，商业银行没有建立起与小微企业相匹配的风险管理技术和成本管理体系，主要靠主体信用和第二还款来源（抵押品）的大

型企业风控模式并不适用小微企业。而在经济上行期创设的联保贷、集群贷、商圈贷等为了节约风险管理成本的模式和产品，也不能有效对冲反而很可能放大经济下行引发的信用风险。

3.“野蛮生长”的互联网金融，痛点是工具异化。对于此次互联网金融大潮，商业银行有点反应过度，过于看重了互联网科技的冲击而忽略了金融的本质，有些几乎被体制外的互联网企业拉入“星球大战”式的“军备竞赛”，投入了大量的“人财物”。在新的科技革命面前，互联网金融的重要性不言而喻，尤其是在渠道方面的替代，但最重要的是要回归工具的本质。金融本质上是一种商业模式，核心点在于风险管理；互联网本质上是一种技术，核心点在于效率和成本的竞争力。如果不能正确处理好互联网与金融之间的这种关系，那么其战略导向将可能发生偏移，从而带来不必要的战略风险。

4.“新兴盈利点”的同业金融，痛点是如何去伪存真。从表面上来看，同业金融开启了“大资管”时代，加快了中国的金融深化，丰富了金融的业态。但剖开同业业务相对复杂的交易结构来看，其产品中作为监管套利的创新品种占大多数，许多同业合作模式本质上就是结构化的信贷产品。当前商业银行竞相将同业金融作为战略重点之一，主要是看中了其在业务摆布过程中，因部分摆脱表内监管约束和资本约束带来的经营自由度。实际上监管部门也早就认识到了这一点，已经和正在出台一系列针对同业业务的监管政策，遵从“穿透原则”以便去伪存真促使同业业务回归本源。

5.“艰难推进”的管理转型，痛点是利益平衡。大多数银行都将战略聚焦在前台业务而不是后台管理上，主要原因是面临着巨大的组织壁垒和惯性阻碍。客户的需求越来越综合化，与银行内部组织仍然处于部门和条线主义之间的矛盾日益突出，让银行家头疼的跨机构合作问题一直无法解决，条线、部门、分支行之间无法形成有效的合力。而在推动综合化、集约化、精细化等管理转型和组织改造过程中，需要对岗位、职责、人员等进行大幅调整，势必触碰到一大部分人的利益，这会对组织的稳定性产生较大的冲击，如何规避由于利益再平衡产生的组织损耗成本和不确定性，是银行管理层在推动战略转型中必须考虑的问题。

洞察到了各大战略的关键问题后，银行在战略管理过程中就需要围绕这些关键问题进行布局和推进。如果不能直面和解决关键痛点，各大战略短期内也就无法取得实质性进展。比如，如果没有在服务、渠道、获客模式等方面形成成本和效率优势，零售业务就很难在短期内取得明显的成效；如果没有系统的基于中国现实的小企业风险管理体系，没有经受过风险洗礼和经验丰富的人员队伍，小微金融战略也难以顺利推进；如果没有将大数据、云计算等科技工具与业务模式有效融合，只是人云亦云或者缺乏主见盲目参与“军备竞赛”，那么互联网金融战略势必也会陷入成本黑洞无法自拔；而在管理转型方面，如果缺乏有效的组织保障和资源配置支撑，改革的成本、风险及收益没有实现合理匹配，那么利益刚性和路径依赖也很难在短时间内跨越。因此可以说，每一个战略的背后，都需要一套精准的分析系统和严密的组织保障，以便调动各要素处理好短期财务考核和长期战略发展的关系，以具备足够的积极性参与战略的执行落地。除此之外，顶层设计者也应该清醒地认识到，一个动态的可弹性伸缩的战略对于应对外部市场环境的变化也至关重要，当然这种变化的速度和复杂程度还在经典战略要求的范围之内。

三、未来：重塑商业银行战略管理的基本逻辑

当前商业银行已经进入一个严峻的“闯关”阶段，不良率的快速攀升、

利润率的急速下降、风险管理难度的突然加大，都是中国的银行家之前从没遇到的。在这种经营环境下，如何发挥战略管理对业务发展的科学布局和精准制导作用，是一个需要从方法论上探讨的深刻问题。我们认为，需要从以下五个层面重塑商业银行战略管理的基本逻辑：

第一，改变过去追随他人、顺从经验、无视客观经济规律的感性决策习惯，建立独立思考、尊重现实、重视宏观经济研究的科学决策体系。

由于历史条件所限，中国的商业银行还没有经历过一次完整的经营周期，加上固有的政府兜底和国家信用背书理念，大部分商业银行对经济周期缺乏足够的敏感，在制定战略目标和举措时，对未来的宏观经济环境考虑不足，制定的目标和举措往往超出经济金融环境的承载能力，造成较大的战略偏离和战略风险。因此，商业银行制定战略时应该具有独立思考能力，洞悉宏观经济变动冲击商业银行经营绩效的作用机制，使银行个体的战略规划与中国经济未来发展趋势相适应。下图按照杜邦分解的方法建立了未来几年宏观经济变动对商业银行的冲击传导机制。

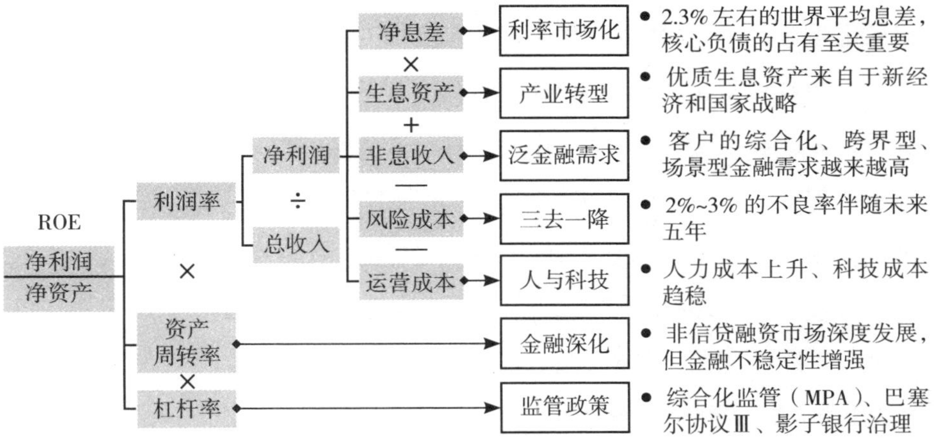

杜邦分析法下的宏观经济变动对商业银行的冲击传导机制

第二，改变过去强调中国特殊性、无视银行基本经营规律的傲慢思维，按照现代商业银行的先进理念推动经营模式转型，全面提高专业化、精细化和集约化水平。

在中国银行业黄金发展时期，规模和利润年均增速超过 20%，使得按照“土办法”经营银行的银行家们产生了自负和傲慢的错觉，将宏观经济全面繁荣的周期和趋势性贡献归入中国银行业自身的努力，尤其是将中国特色的利差保护、关系营销和规模驱动等因素的成功，视为对现代商业银行一般经营规律和科学管理方法的超越。但是，随着宏观经济快速下行，周期性和趋势性贡献消失或转为负，特色的方法和手段已经满足不了客户日益升级的金融服务需求，经营管理上的捉襟见肘立即显现，现代化管理创造利润已经不是一个口号。在这种情况下，未来的战略规划和顶层设计，必须充分借鉴和学习现代商业银行的先进管理理念和方法，在组织架构、风险管理、资本管理、人力资源管理等方面，运用前沿的管理方法和技术。

第三，改变过去重视业务战略和轻视客户定位、管理转型战略，建立差异化战略、客户聚焦战略和低成本战略的“三位一体”大战略体系。

按照迈克尔·波特的竞争战略理论，战略分为三类，分别为差异化战略、客户聚焦战略和低成本战略，这三大战略各有其适用情形和组织条件。从理论上来看，商业银行最应该采取的是低成本战略，其次是客户聚焦战略，最难采取的是差异化战略。然而，从前面的分析我们已经看到，过去十几年以来，大部分商业银行的战略都错误地聚焦到差异化战略上来，忽视商业银行监管严格、产品无专利权保护、模式容易复制等条件对差异化战略的制约，而对需要重视的低成本战略和客户聚焦战略则关注不足。在未来，商业银行需要将战略选择重点放到低成本战略和客户聚焦战略上来，从组织改造、流程优化、管理的精细化和集约化转型等入手建立低成本战略；从客户细分、市场定位、战略性退出等方面入手，选择做什么、不做什么，将主要的资源聚焦到某类客户、某个战场上进行集中攻坚、饱和打击，建立足以体现自身局部和纵深优势的客户聚焦战略。

第四，改变过去重视规划“讲故事”，轻视战略落地执行，从组织保障、资源配置、考核机制和项目管理等入手建立“全面战略管理体系”。

前面已经提到，中国商业银行战略管理的最大弊病就是重规划、轻执行，这有其客观原因：一方面，在经营形势较好、短期财务收益突飞猛进的情况下，强行将资源配置到短期相对难见效益的战略性业务上，在全行将遇到较大的阻力；另一方面，战略是一个复杂精细的工程，也是一个“奢侈品”，需要综合能力和专业能力都较强的人才，也需要大量的资源投入，这些都增加了管理层推动战略落地执行的决心和意愿。当前时段，我们认为是推动战略管理落地实施的“黄金时间窗口”：经营压力已经开始倒逼商业银行重视战略实施，但同时还有一定的冗余资源用来投入到战略中来。因此，抓住这个时间窗口，建立一把手挂帅的战略管理小组，制定推动战略实施的财务预算和人员分配，建立具有硬约束的人力资源考核机制，并按规划分解任务建立重点项目执行小组，从总体上组建全面战略管理体系，切实推动战略的落地实施。

第五，改变过去战略管理短平快的“成功学”情结，树立“结硬寨、打呆账”的战略定力和耐心。

与其他管理活动一样，战略管理的最终目的是为股东创造价值，评价战略的最终标准当然也是综合效益的提升。但是，战略管理区别于一般管理活动的核心之处在于，前者是一种类似的“种树”行为，“桃三杏四梨五年”，每一个战略举措都存在一定的“投入—产出”周期，因此那些认为战略是捷径和窍门，战略能“毕其功于一役”，战略当期落地就能当期见效的“成功学”思维是错误的。恰恰相反，战略不是策略，其本身是一个有利于长期发展、基业长青，甚至难以用财务数据衡量的长远投入。因此在战略管理过程中，摈弃短平快的策略思维和“成功学”情结，树立“结硬寨、打呆账”的战略定力和耐心，在持久战和攻坚战中将战略管理进行到底，才能真正显现战略管理的价值和意义。另外，这也对战略管理人才的个人素养和气质提出了较高的要求。

商业银行如何构建大服务体系：内涵、问题与解决路径

背景： 过去几年，在业务模式容易复制、产品同质化严重的情况下，提升服务水平、突出服务特色，成为商业银行进行差异化竞争的重要策略。

2017 年，在经济下行、利差收窄、跨界竞争、金融深化等多重外部变化冲击下，商业银行服务升级的速度跟不上客户需求升级的速度，尤其是在互联网金融和大资管模式的刺激下，客户资产配置和场景体验意识快速觉醒，对商业银行的服务提出了更高的要求。但由于商业银行管理、流程、思想理念和市场感觉，仍然沉浸在过去的业务模式里形成了路径依赖，对服务转型升级造成了很大的阻碍。面向未来，商业银行必须突破传统模式的束缚，从管理模式和组织架构重塑入手，抓住互联网金融和金融科技的契机，真正建立以客户为中心的“综合服务”体系。

一、商业银行大服务体系内涵的再认识

银行服务意识的觉醒来自于零售银行业务转型，在利率管制和监管政策等导致产品无法市场化竞争的情况下，银行更多通过服务来展现自身的市场化能力。经过最近几年的改造、转型、升级，各家银行的服务能力有较大的提高。从客户需求的转变来看（无论是对公客户还是零售客户），大综合服务体系成为商业银行服务转型的必然方向。对于大综合服务体系

的内涵和外延，我们需要从以下几个方面来理解：

一是服务半径要长，服务范畴要广，从过去的单一化、单点式服务，向立体化、多元化服务扩展。如果说在低水平金融资产存量时期，客户的需求是单一的存贷汇服务，那么当经济增长到一定程度，家庭和企业的财富和现金流保持在一定的规模和流量，那么所需要的金融服务也就日益多元，从资金的支付、结算、汇兑，到财富的投资、配置和托管，银行过去简单的服务就需要向更加综合化的维度迈进。比如公司客户的“交易银行 + 投资银行”服务，零售客户的“家庭管家 + 生命周期”服务，都是一种立体化、多元化服务拓展。多元化服务，是银行大服务体系在广度上的要求。

二是服务保障要强，服务能力要专，从过去的简单化、操作式服务，向纵深化、专业化服务延伸。同简单工种的服务业不同，商业银行的服务不能简单地停留在形式和感知的层面，在举止规范、行为文明的背后，需要强大的服务保障能力，这个保障的核心就是提供专业的金融服务，从专业的系统，到专业的产品，到专业的金融咨询和顾问，都是银行金融服务的重要组成保障。当前，公司业务的投行化转型，零售业务的资管化转型，体现的就是银行服务体系的纵深化、专业化。专业化服务，是银行大服务体系在深度上的要求。

三是服务品质要高，服务方式要活，从过去的统一化、规范式服务，向品质化、人性化服务升级。从服务业的一般规律来看，统一、规范、标准的服务是基本要求，但要凸显核心竞争力和差异化，就必须从更高的维度提供金融服务。综合服务的概念，除了要求服务更加多元、更加专业，还要求在客户细分和精准服务、人性化服务方面有更高的水准。尤其是在互联网社会里，客户对场景感知和个人体验要求越来越高，需要银行的服务更加体现对个体的认知、洞察和尊重。互联网科技提供的大数据等分析技术，为达到该要求提供了可能。人性化服务，是银行大服务体系在细分度上的要求。

二、建立大服务体系遇到的主要障碍

由于过去长期处于卖方市场，市场化竞争程度不足，商业银行的服务意识和能力距离综合服务体系要求的标准较远，因此当前在建立综合服务体系过程中还存在许多的问题和障碍。

1. 客户需求的综合化与银行服务的条线化、部门化之间的矛盾是综合化服务转型的主要障碍

随着经济增长和金融深化到一定程度，客户的需求也日益多元化，过去传统单一的存贷汇业务已无法满足客户的需求。对零售客户来说，随着财富积累的增多，除了银行简单的储蓄保值行为，对资产配置和投资交易带来的风险收益需求也越来越高，基金、资管计划、信托计划、保险等，形成一揽子、综合化的金融需求。对公司客户来说，随着财务结构的日趋多元，在传统的银行授信业务之外，还需要一方面通过现金管理、支付结算等面向货币市场的业务，另一方面通过股权上市、债券发行等面向资本市场的业务，形成包括银行授信业务在内的综合对公业务需求。但与客户需求不断综合化升级相对的是，在银行内部组织层面，仍然是“条线 + 部门 + 区块”的模式，条线、部门、分支行之间，前台、中台和后台之间，都存在不同程度的内耗和摩擦，在满足客户综合化需求方面存在着较大的体制性障碍。比如，在对某家公司和公司员工提供“公司授信和员工零售”交叉服务过程中，需要一个跨越条线的“综合客户经理”，总体

协调对公和零售两个条线的产品、系统。但遗憾的是，在当前银行内部一般没有设置这样的综合客户经理岗位，而且即使在条线内部，比如零售条线，客户经理仍然需要耗费大量的精力和成本协调个贷、理财、电子银行等不同条线的关系。这些都是综合化服务过程中难以突破的障碍。

2. 经济上行期过度依赖前台营销的模式造成了专业化服务能力的相对不足

过去几年信贷处于卖方市场，只要存款保持住监管要求（贷存比）和流动性，信贷扩张就不是问题，因此形成了依赖“存款为王、营销制胜”为主的经营模式，大量的资源倾注在负债业务和营销阵线，也培养了一批营销能力极强的客户经理。但由于长期以来将资源配置在营销端，没有着眼于长远建立起足够的专业化研发和产品经理队伍，或者有产品经理但实际上行使客户经理的职责，对产品的研发重视不够，导致在服务过程中缺乏洞悉客户需求并进行精准分析，研发出相关产品和设计出符合客户需求的金融服务方案。

在对公端，客户对产品和系统的要求越来越高，对金融服务的要求也越来越专业化，商业银行过去那种靠客户经理“关系＋酒精”的营销模式，所起的作用越来越小。尤其是在经济下行期，信贷市场由原来的卖方市场转为买方市场，优质客户和资产愈加稀缺。而真正的优质客户，对金融服务的专业化要求也很高，有些大型企业或集团，除非商业银行能够提供更加专业的金融服务，一般的金融需求用自己的财务公司就可以解决。而在零售端，实际上已经成为市场化程度非常高的领域，客户尤其是中高端客户，不再仅满足于表面上的形式和礼貌服务，更多的要求能为自己提供专业的投资和资产配置咨询及相应的产品。在这个服务过程中，银行需要依靠专业而不仅仅是态度赢得客户的尊重和青睐。

3. 连锁式经营所形成的规范化、统一制式的服务与个性化、定制式服务之间存在较大的冲突

本质上，银行的服务主要是一种通过分支行网点联结形成的连锁式服务。由于服务意识觉醒得较晚，过去大多数银行停留在做大型对公客户的盈利模式中，没有建立起统一、规范的服务标准和体系。尤其是对于服务密集度较高的零售银行来说，过去几年商业银行首先解决的是在众多网点和厅堂中的服务标准化问题，比如很多银行建立专门的服务监督部门，负责服务的标准化、规范化培训，服务后评价和监督，以及处理服务投诉问题。因此商业银行零售业务基本上已经形成一套可遵循的礼貌用语、形体动作等标准，可以说这些标准化、形式化的服务制式靠统一、批量的培训基本能解决。但是在从服务的标准化向人性化的升级转型过程中，碰到了这种连锁式、批量式培训与客户所要求的个性化、多样化服务诉求之间的矛盾，传统的集体性、批量化服务培训，很难形成个性化、人性化的服务，这对当前的服务培训和管理形成较大的挑战。

三、建立商业银行大服务体系的基本路径

以服务为中心的作业模式比以产品为中心更加靠近客户，因此银行的综合服务战略实际上是向以客户为中心迈进的一大步。在未来不断细化的金融业态竞争中，作为在客户端拥有价值链优势的商业银行，必须依靠综合服务体系建立起自身的核心竞争能力。

第一，从组织架构改造和业务流程优化入手，最大化消除银行内部的组织隔阂与条线摩擦，真正建立 1 个综合客户经理 +N 个产品经理相融合

的“1+N”式强大中后台、简洁客户端的综合服务模式。

如何形成合成兵种作战的阵形，为客户提供多维度的综合化服务，说到底不是一线和产品的问题，而是中后台组织架构和业务流程的问题。当前，无论是大业务条线的浅层次整合，还是事业部制的深层次重塑，以及客户服务系统的升级和改造，实际上很大一部分是围绕客户需求升级而展开的组织再造和流程调整，而在诸多的客户需求升级里面，综合化是非常重要的一部分。无论是哪种组织和流程，着眼点都是为了最大化降低“1+N”模式中“1”和“N”之间，以及“N”内部之间的组织内耗和流程冗余，将组织运行的成本和冗余内化到银行内部，将便捷、高效的综合化服务传递给客户。可以说，围绕客户经理展开的产品和服务组合设计，是以客户为中心这一终极目标的中介目标。当前，大多数银行在网点已经施行了综合柜员制度，既节约了人力成本，又提高了服务的效率和综合化水平。针对交叉销售和综合服务中面临的跨条线、跨部门问题，可以借鉴综合柜员制，根据客户属性建立分层式的“综合经理”队伍，并赋予综合经理一定的权限，来调动全行资源形成以客户为中心的服务队形，通过综合经理队伍将银行中后台形成的综合服务能力，以价值链的方式传递到客户，让客户真正体验到服务的高效和贴心。

第二，从商业模式升级和人才队伍培育入手，推动费用驱动型营销模式向专业服务拉动转型，建立“后台有大数据分析、中台有产品和系统支持、前台有专业人才对接”的专业化服务模式。

要推动服务的专业化升级，就需要从营销驱动型商业模式的路径依赖中走出来，形成专业导向型的价值链和资源体系。这牵涉到作业的传导方向，营销驱动型的商业模式是从客户经理端发送信息和指令，中后台根据营销指示被动地配置产品和提供服务；而真正的专业化服务需要前、中、后台施行平行作业，由后台数据处理模型主动挖掘、解析、综合由营销端或其他渠道传递的客户大数据，形成专业化的客户分析报告并提供产品配置及金融服务建议，反馈到客户经理进行“定位和导航”。最重要的则是客户经理专业化服务和影响能力的升级，这需要商业银行的人力资源管理理念和制度尽快从营销情结中走出来，面向新的市场竞争环境培养更加专业的人才队伍。

第三，从深化大数据应用和柔性管理升级入手，逐步消除连锁式经营、批量式获客、普惠化服务与客户个性化、定制式需求之间的矛盾，建立客户分层+精准服务人性化服务体系。

在连锁式网点和批量式获客中提供更加人性化的银行服务，需要双管齐下：一方面要在后台充分运用现代数据挖掘和解析技术，为服务端提供人性化的客户画像，尤其是提供详细实时的痛点分析；另一方面，则是改革银行服务人员的管理体系，以更加柔性化的管理模式提高服务人员的人性化素养，银行管理层需要认识到，要形成对客户的人性化服务，首先要有对员工的人性化管理。因此可以说，人性化管理看似是对一线服务人员提出的要求，实际上则是对银行管理模式提出的更高的要求。当前很多银行建立了服务管理和监督中心，形成了专门的培训、管理、评价和监督银行各条线服务水平的部门。但是要真正解决连锁店式标准化服务与客户个性化需求之间的矛盾，还需要建立管理范畴更大的“综合服务管理中心”，管理的范畴至少覆盖三大部分：一是建立统一的大CRM系统，整合客户数据和信息资源形成统一的大数据分析平台，以实现对客户需求综合、完整、立体的画像分析；二是建立统一的综合服务培训体系，培养一批兼有对公和零售服务技能的综合客户经理队伍，以对接客户更加专业化、综合化的金融需求；三是建立统一的综合服务柔性管理体系，跨越条线和部门在全行推行柔性管理，首先提升员工的工作体验和价值归属感，员工才会将人性化服务精准传递到客户。我们要深刻地认识到，提升商业银行的综合服务能力，不单单是服务管理中心单部门、单条线的任务，而且是要动员整个商业银行经营管理体系的资源和力量，既需要强化互联网和科技金融提供的技术支撑，又需要在管理上进行深层次的转型和再造，最终才能形成独具特色和差异化能力的综合服务竞争力。

商业银行如何应对经济新常态

背景：2014年，中国经济被宣布进入新常态。在此背景下商业银行需要什么样的应对策略，是一个需要从全局统筹谋划的战略和策略问题。

经济新常态的虚拟镜像是金融新常态，未来几年，商业银行必须要在金融新常态中，重构自身的盈利模式，由厌恶风险、存款立行、营销驱动，向经营风险、资金立行和产品驱动转变，建立大风险、大资金和大产品运营体系。

一、关于金融新常态

经济是金融的基础，金融是经济的核心，经济新常态对应着金融新常态。经济新常态是增速换挡、政策消化、转型升级三期叠加，对应着的金融新常态主要表现是：

1.不良率居高不下将成为常态

银行是周期性行业，经济快速增长期，资产质量问题可以忽略；但经济一旦下行，各种风险就会暴露。根据经验，10%左右的GDP增长率下银行不良率可能不会超过0.5%，但一旦GDP增长进入7%左右，不良率将会快速上升到近1.5%。我们判断，金融新常态下，商业银行资产不良率将长期平均在 1.5% ~ 3%，如果加上表外风险的侵蚀，为保持可控的不良率每年需要消耗 8000 亿元左右的拨备。因此，未来几年商业银行应该适应 2% 左右不良率下的“带病生存”。

2. 存款增长乏力将成为常态

金融深化是指金融市场、机构、产品的多层次化、多样化，理财产品、货币型基金、互联网金融、对公现金管理、大资产管理等都对传统的银行存款产生替代，储户习惯正在改变，尤其是年轻客户金融多元消费意识的唤醒，使银行存款逐渐成为劣等保值品，造成了一般存款不增反降，非银行金融机构存款上升的局面。因此，未来几年商业银行应该适应存款上不去的经营局面。

3. 利差持续缩窄将成为常态

利率市场化只剩下存款利率上限一层纸了，但是鉴于当前信用风险比较严重，利率市场化还不敢轻举妄动。但一旦利率放开的环境允许，利率市场化将会完成最后一跳。这是明的利率市场化，还有一条暗的利率市场化，就是可市场化定价产品的倒逼包围，这一块加上揽储费用，已经提高了付息成本，造成了事实上的利率市场化，大大缩减了利差。个人认为，考虑到经营费用、存款准备金、风险成本、资本成本等，中国商业银行的最低利差承受点可能在 1.6% ~ 2%。成本控制好的银行可能能够承受利差缩到 1.6%，成本控制不好的可能到 2% 就亏损，也就是盈利难以为继了。因此，未来几年商业银行应该适应由于利差缩减带来的盈利压力。

二、转型动力学

转型都是问题倒逼的，不存在问题，没有银行会主动转型，因为转型充满了成本、风险和阻力。在金融新常态下，商业银行转型的内在动力主要表现为：

1. 增量、规模上不去，倒逼着从粗放扩张转为深耕细作

在经济快速增长时期，实体经济和广义货币都快速扩张，业务自然增长，规模容易做大。但在经济下滑、杠杆缩减的情况下，存款增长乏力且成本上升，资本补充越来越难，没法再大手大脚地做规模、做增量，倒逼着银行加大精细化、集约化管理，节约资本，控制成本，提升服务水平，深耕细作存量客户。

2. 风险普遍上升，倒逼着从被动防范风险转为主动经营风险

在经济上行期，银行有较大的余地平衡控制风险和发展业务之间的关系，超出自身风险容忍度的行业可以不做，选择风险低的行业做。但是，在金融新常态下，风险低、收益好的行业几乎绝迹，一旦国企、政府金融也出现问题，要做业务就必须面对风险，对风险的零容忍意味着对业务的零发展。在这种情况下，商业银行应由以前的躲避风险，向通过制度、流程、模型、技术等手段来经营风险转变，在这种情况下，风险管理能力强的银行就有较强竞争力。比如，同样一笔业务，风险管理技术差的银行会觉得风险大不敢做，但风险管理技术好的银行可以通过合理安排期限和定价、大数原理、信用甄别、风险缓释和对冲手段来减少风险暴露。

3. 利差越来越窄，倒逼着从单一存贷款转为多元化经营

上帝关上一扇门，必定会打开一扇窗户。银行的利差受到了积压，但可选择的业务品种增加了，比如资金业务，以前主要是存款，现在可以有理财、代客、同业、存单、金融债等；资产业务，以前主要是贷款，现在有供应链金融、贸易金融、自营资产、交易、证券化、投资银行等。在利差收窄的形势下，能够建立起以客户为中心的多元化业务结构的银行，肯定最具有竞争力。

三、转型的三个方向

银行转型的根本是管理理念的转变，关键是经营模式的改变。

1. 逐步建立"大风险"管理体系，由厌恶风险向经营风险转变

新常态下，低风险、收益好的项目越来越稀缺，随着预算管理和国家治理日趋规范，政府和大国企项目也开始出现风险。在这种情况下，要发展业务，就必须提高资产质量和风险收益水平，关键需要做到两点：一是夯实内控合规水平，一定要将由于自身问题出现的风险消灭，也就是最大化消除内部风险成本；二是要提升风险收益能力，要向风险要更高的收益，比如同样不良率在 2%，风险甄别、缓释能力强，拨备充足，定价水平高的银行，因为有更高的收益，ROE 仍然会高于同业。要能做到向风险要收益，需要建立以经过风险过滤的净资产收益率（RAROC）为核心指标的"大风险"管理体系，保障风险意识的转变。所谓大风险管理，一是大架构，建立统筹各类风险的全面风险管理体系，将信管、合规、审计、资产负债管理整合在一起，建立大风险管理条线，强调风险管理部门的独立性，必要时设置首席风险官。二是大后台，尤其是对

大客户，大项目，要集中到总行统一管理；不良资产清理、押品管理，也需要集中到后台。三是大数据，充分借助互联网模型对风险进行现代化、自动化、批量化甄别和管理，减少人为失误和道德风险，提高管理效率。

2. 逐步建立“大资金”运营架构，由存款立行向资金立行转变

在新常态下，存款将越来越稀缺，价格也越来越高。但同时，其他负债和资金来源也越来越多。因此，我们需要改变存款是唯一负债来源的传统理念，树立“大资金”意识，逐步提升和深化资金交易的业务水平和范畴，由存款立行向资金立行转变。资金来源不仅仅是存款，存单、理财、资产管理、同业拆入与存单、同业资产回购、金融债等，都是银行的资金来源。银行应该建立“大资金”运营体系，在继续保持存款稳定的情况下，逐步做大其他资金规模，由“理财为存款服务”，转变为“理财为收益服务”，抓住当前“大资管”时代机遇，构建资产管理利润中心，将资产管理作为战略重点业务。这一转变需要重塑资产负债管理架构和考核模式，将以存款为主的指标体系，转变为以大负债、大资金为主的指标体系。要提高后台资金管理部门的交易能力，在有效防范流动性风险的基础上，提升套息、套利收益水平。

3. 逐步建立“大产品”业务模式，由费用驱动向产品驱动转变

利率市场化以后，各类产品可以自由定价，客户对日用品、健身、洗车等增值服务的兴趣，将逐渐转到产品的收益上，也就是，存款之间的竞争由各种营销活动和服务，转为拼利率水平。这将促使银行的费用和成本发生重构，费用支出将从营销端逐渐转到产品端，营销费用将逐渐转移到

付息成本上。所以，银行应该逐渐将资源向产品端倾斜，不断提高一线“枪支弹药”的精良度，提升客户金融资产的收益水平。而负债端利率的竞争力则取决于资产端，因此“大产品”业务模式的构建，归根结底是需要提升资产端的投资和配置能力。

市场化的选择

——经营模式的新逻辑

◆ 最终剩下的核心负债，就是真正实现汇兑支付结算功能的沉淀的活期存款。这是最具有货币性的存款，也终将成为银行的核心竞争力所在。

◆ 面对传统商业银行科层组织和复杂流程对扁平化价值链的制约，“人单合一”管理学对银行再造敏捷型组织和机制给予了丰富的转型启示和借鉴。

◆ 随着利率管制和贷存比取消，存款的寻租空间和行政属性逐渐淡化，对于存款的认识应该从更加专业的视角上进行理解。

存款立行，谁来立存款——商业银行负债管理的思考

背景：大浪淘沙，潮水褪去的不仅是泳者的底裤，还有银行家们的诗和远方。在经历了有钱没处投的一段甜蜜的烦恼后，如今终于又回到了“存款立行”的原点。

一、重回存款立行

笔者在以前的一篇文章里提到过，资产荒是一种非平衡的暂时态，负债荒早晚出现。因为资产和负债之间，并不是绝缘，而是相伴相生，相依为命。在货币链的创造上，是资产创造负债，负债支撑资产——资产负债表的阴阳两面而已。

资产荒 + 负债荒 = 缩利差或缩表。严监管加速了这一进程。而利率中枢的提升，将一切构建在低利率或者利率下行通道下的资产负债结构打回原形。据说，一些投资和交易盘做得比较猛的小银行，自营加上表外的浮亏已经超过不良资产了。

有些人说，持有到期不卖不就行了吗？当作贷款吃票息。

这是一种典型的“鸵鸟心理”，或者不懂什么是流动性风险。且不说当时买的点位可能超过票面价，就算不高于票面价，为了养着这些资产而每天付出的流动性成本，实际上已经变相地让你在割肉。商业银行流动性管理办法说得很明白，流动性风险主要不是挤兑风险，而是每天为了维持

错配付出的超额代价。

于是，这个时候又开始思念存款了。存款立行，又挂在了银行人的口头。然而，此一时彼一时，此时的存款，早已不是那时的存款了。

二、但存款的打开方式已经改变

那时存款有严格的利率管制，没有理财、余额宝的分流，没有手机银行的随意搬家，也没有那么多的增值服务。

那时，只要是存款，就可以带来无风险收益。人为压低的利息，拉到存款来闭着眼买利率债都可以赚钱，而且不消耗资本，规模无限放大（除非杠杆率约束）。

但是现在呢？在后利率市场化时代，叠加金融去杠杆，我们正在经历一场前所未有的信用收缩。过去十年，中国银行业广义货币（存款）大跃进的基本逻辑，是广义资产（表内、表外、表表外）的扩张。如今另一场金融反冒进运动，严重制约了存款派生的规模和速度。这是“存款去哪儿”的基本宏观逻辑。

同时，存款在结构上也正在发生质的变化，这个变化的内在表现是：

承担价值贮藏功能的存款，已被理财和市场化固收类的资产所替代。毫无疑问，按照基准利率定价的存款，已经沦落为投资者资产组合中的劣等品。如果说还有一些承担“保值增值”功能的低息存款，一定是两种可能：

一是习惯性信任银行和不懂新金融工具的老年客户，所带来的行将就木的储蓄，以及靠增值服务弥补市场化利差而存留的隐形成本的存款。

二是银行靠授信来拉动的保证金类存款，这类存款充满了水分和泡沫。在合意贷款和 MPA 考核的硬约束下，信贷成为第一稀缺资源。因此靠这种方式“勾兑”来的存款，对于银行来说越来越不经济。

另外承担中速流动性功能的存款，将逐渐被短期理财、开放式理财、余额宝等货币基金替代。

而最终剩下的核心负债，就是真正实现汇兑支付结算功能的沉淀的活期存款。这是最具有货币性的存款，也终将成为银行的核心竞争力所在。银行利用信用和账户优势，所形成的托管、监管和专户资金，所积累的沉淀和冗余，也是形成核心负债的另一个动因。这个核心竞争力考验的是对公业务的交易能力，零售业务的产品体系搭建和客户服务能力。

可悲的是，很多热衷于同业业务的小银行，这几年几乎等同于一个资金掮客，左手批发同业资金，右手投向同业资产。又缺乏基本的投研和资产负债管理能力，难免不被严监管和上升的利率雨打风吹去。过亿元的罚单，已经成为监管新常态。

这样，在竞争日益残酷、结构日益复杂的金融竞争链条中，经营货币成为银行最朴素、最原始的经营优势。

洗净铅华后，银行又回到了经营货币的原生状态。

三、不变的逻辑：存款立行，客户立存款

然而，后利率市场化时代，一切都变了。市场化，说到底就是“唯利是图”的年代。你不给人家好处，人家凭什么给你存款？

因此，追问需要再下沉一层，那就是存款立行，那么又是谁立存款呢？

进一步说，承载核心负债的优质存款又来自何处？银行如何重回经营货币的原生状态，获得竞争力的原生动力究竟是什么？

答案实际很简单。存款立行，客户立存款。转来转去又回到了朴素的众人皆知的原点。

从 2018 年上市银行的数据来看，凡是客户群基础好的银行，就越接

近货币链的上端，在金融去产能引发货币价格上升的环境里，经营效益改善就越明显。几家大型国有银行和招商银行，就是很好的例子。

与实体经济去产能引发的大宗商品价格上涨类似，上游企业和靠近产业链上端的企业，就越能在大宗价格上涨中赚取超额利润。而下游企业的利润则遭到挤压。

所以，我们看到自2016年下半年金融去杠杆利率持续上升以来，不同规模银行的净息差出现了明显的分化。客户群基础牢固的国有大行和几个股份制银行，净息差比较平稳甚至有扩大迹象。而那些热衷于做同业业务缺乏客户基础的小银行，净息差陡然直下。

前几年在利率走低的环境下，有人怀疑一般性存款的价值。因为那几年同期限同业批发的资金，成本不比一般性存款高多少。而我们知道揽储还要付出巨大的人力和物力成本。

现在可以回答，同样是资金来源，一般性存款和批发性同业资金相比，背后的客户群不一样。前者来自实体经济，有着丰富消费、生产和投资场景和非金融链接。而后者的背后，是相似的交易对手，是虚拟的快速流转的资金。

过去的经验和教训已经证明一个普遍认可的道理：依赖批发性融资作为主要资金来源的金融机构，在金融危机过程中会率先遭到冲击。

这一次金融去杠杆和利率中枢上移过程中，被打惨的首先就是资产负债结构扭曲，负债资金敏感型的银行。资产端久期长重定价迟钝，负债端久期短重定价灵敏，当市场利率上行，势必造成负债利率曲线快速上移但资产利率曲线迟钝调整的非对称现象，这样的后果就是利差的快速收窄。

而客户群基础牢固的，所占有的存款由于价格敏感性低，也就缓释了利率上行过程中的基差风险。

四、为客户创造价值才能为自己创造存款

然而知道是一回事，做到又是另一回事。到现在为止，有多少银行真正做到了“以客户为中心”？

有位从互联网公司转到银行的从业者，干了不到三个月就辞职了。原因是心累，但不是累在服务客户上，而是内部的沟通协调上。

过去服务大企业、大财政的商业银行，俨然变成了一个大型科层威权组织。过去因为市场化程度不足，经营压力不大（躺着赚钱，赚到不好意思），尤其是总行部门林立，官僚主义、大企业病横行，甚至比传统国企有过之而无不及。

对于直接面向客户端的一线人员，他们背负的指标如山，总想着如何在考核日期里完成指标，哪有时间考虑维护需要长期付出精力的、没有快速带来考核成绩的客户关系。

这就产生了商业银行旧的生产关系，与信息技术革命下的新型生产力之间的矛盾，这个矛盾可以看作当前银行业面临的主要矛盾。

信息技术革命的伟大之处，就是在经济层面推进了市场深化，或者说是市场立宪下的经济民主化。

电商购物、餐馆消费，都有评价、有投票。得票低的，将会遭到消费者的摈弃。供给商很难再沿袭过去那种“一锤子买卖”的流寇模式。

金融服务也是如此。物理网点已经搬到了一部一部分散化的智能手机上。每一部手机就是一个网点，一个柜台，一个人工智能服务的柜员。

这样导致存款在银行间搬家非常容易。现在手机上基本都有微信、支付宝，再加上两三个银行 App。一部手机，也是一个金融超市。哪家理财收益率高了，期限设置便利了，动动手指，存款就搬家了。

而对公客户呢？大公司集团，几乎都有自己的财务公司，金控公司。

资金密集型的企业，索性自己建银行。他们的存款，早就变成了同业投资。而小企业，自己都缺资金，还会存款到银行？

所以，当前的银行，要拉存款，首先要直面客户。为客户创造价值，才能为自己创造存款。

五、拉存款没有捷径

最后需要收敛到技术层面。传统上，银行拉存款的短兵器无非有以下几种：

1. 授信推动。就是监管部门禁止的以贷转存。让渡部分贷款利率，换回对公客户的保证金或者一般存款。这是杀伤力非常强、效果非常明显的做法。但是负面效果也很明显，容易触碰监管部门红线不说，保证金存款是很不稳定的，可以说水分很多。但实际上，存款就是贷款创造的，当然这是宏观和理论层面的，对于单个机构来说，是另一回事。

2. 产品撬动。高收益零售理财和对公现金管理产品。说到底就是打价格战。

3. 关系拉动。招聘具有客户关系资源的人员，给予较好的待遇和职位。这个一般针对机关存款和国企存款。

4. 增值吸引。送购物卡、鸡蛋、洗车票等。这个也被监管部门禁止了，但银行仍然有办法提供增值服务。客户分层，区分出 VIP 客户，给予差异化服务，总该可以吧。

5. 营销活动。策划各种营销方案，比如拿出专项费用激励，运动式拉存款。

6. 直销银行。试图通过空中打击，拉动其他银行的存款。

7. 创意设计。一些小伎俩，比如某银行提供女性账户，专门归集丈夫或男友卡内的资金。

当然还有其他很多方法，比如客户经理扫街，陪大妈跳广场舞等。

这些“短兵器”，在货币新常态的形势下，已经尽显疲态。当前形势下，银行需要建立长效负债机制。

说到底，负债业务没有捷径，需要做大量的苦功夫和基础工作。真正以客户为中心，去提升吸引、留住和沉淀核心负债的能力。

比如零售银行的服务、产品和品牌，公司银行的专业团队和综合化、专业化的金融方案设计能力等；比如构建系统性的交易银行体系，形成资金体系内循环，减少“客户占有信贷资源，却将结算放到他行从而分流存款”的现象。

要做到这些，需要提升认知和定位客户的水平，以及深耕细作产业链和供应链的能力。

尤其重要的是，如何建立适合金融科技这一现代武器作战风格的组织体系。银行投入到金融科技的，每年几万亿元，远远超出第三方机构。但是如何真正地提升客户体验，提升效率，恐怕不是生产力的问题，而是生产关系的问题吧？

而在后台和总行层面上，实际上需要提升的空间更大。比如建立负债业务的战略管理和统战体系，保障各条线、支行加强联动形成合力，发挥总行“精准制导”和研发先进武器的作用。

从当前的存款市场形势来看，竞争的重点越来越从营销端向产品和系统端转移，后台战略管理和专业化能力越强，一线人员在营销过程中就越有尊严，背的包袱就越轻。

总之，对于存款立行，客户立存款，道理实际上都理解，剩下的就看有没有耐心改变甲方思维，踏踏实实地为客户、为工农商学兵服务了。

“人单合一”管理学及对商业银行转型的启示

背景：后利率市场化时代叠加中国经济转型升级，商业银行的经营环境面临着深刻的变化。要按照全国金融工作会议的要求回归服务实体的本源，不仅需要产品和服务等业务层面的创新，更需要借助金融科技的力量重塑整个组织架构，拉近银行与客户之间的距离，真正实现“以客户为中心”的经营理念。面对传统商业银行科层组织和复杂流程对扁平化价值链的制约，“人单合一”管理学对银行再造敏捷型组织和机制给予了丰富的转型启示和借鉴。

一、什么是“人单合一”

“人单合一”是海尔集团在经营实践基础上创立的一种管理学模型。“人”是指员工，“单”表面是指订单，实际上是指订单背后的客户。“人单合一”说到底，就是用先进的互联网信息科技，实现“以客户为中心”的朴素理念。再进一步，是管理学向极致人本主义的回归：对内以员工为本，对外以客户为本。

按照经典的管理学理论，在传统的工业化和制造业时代，工人不过是车间和流水线上的“螺丝钉”，工厂生产出标准化、批量化的制式产品，然后满足市场和客户的单一需求。与这种生产模式相对应的是，科层分明的权威式、命令式的大企业管理模式。然而，随着产品技术越来越发达，市场竞争越来越激烈，客户需求越来越个性化和多样化，工厂制、流水线式、科层命令和权威式的生产和组织模式就越来越不适应。很难想象到一个等级分明的权威式大型工厂，能有效率地生产出面向客户个性化需求的多元化产品，并提供无微不至的售后服务。仅仅层层汇报和请示，以及部门间和上下级的信息传递和执行摩擦，就会丧失瞬时即逝的机遇；而面对壁垒森严的组织，也很难形成对客户个体的尊重。因为要想客户得到人性化的产品体验，员工首先要得到人性尊重。而大型工厂化和流水线式的生产模式，是做不到这一点的。

当前工业化已经步入高级阶段，尤其是互联网信息技术革命，使工业服务化、定制化、个性化成为一种可能和趋势。在这种市场和制造业升级的背景下，海尔创新了“人单合一”的管理模式，就是为了打通价值的创造者——员工，与价值的实现者——客户之间的距离。从理念上，管理者不再是领导，唯一的领导是客户，员工为客户服务，管理者则为员工服务，就是提供各种支撑保障和创造价值的平台。具体来说就是把传统的大企业层级架构打散，通过运用互联网技术为员工赋能、赋权，在这个平台上员工就是创客，可以通过抢单来自行组建小微团队，然后为抢到的单面向客户提供个性化服务，从而实现“企业平台化、员工创客化、用户个性化”的价值逻辑闭环。

二、银行业转型需要借鉴“人单合一”的思想

随着利率市场化和金融深化程度的提高，商业银行实际上也面临与后工业化时代制造业企业一样的现实困境：

首先，市场竞争越来越激烈，银行倾向于打价格战。不仅是银行业内部，保险、证券、基金、互联网金融、小贷公司，以及大型企业集团的财务公司，都已经广泛介入，有些负债端有优势，有些资产端有优势，从不同领域侵蚀着银行的市场。加上后利率市场化时代，银行之间的竞争更倾向于采用价格战、薄利多销等简单粗暴的模式，导致商业银行的利差急剧收窄，有些成本管理和风险管理不善的银行，利差当前已经几乎到了盈亏平衡点。

其次，市场波动越来越大，资产荒与负债荒轮番上演。这是工业化和货币化末期的典型表现，导致银行的资产负债表总量扩张和结构调整压力越来越大，利率风险和流动性风险等过去银行并不常见的风险成为常态。银行资产负债的配置越来越多元化，资金来源已经不再限于一般存款，同业拆借、大额存单、同业存单、金融债等主动融资手段越来越多；同时在资产端除了贷款以外，投资和结构化融资业务创新层出不穷，很多银行不仅满足于赚持有到期的利息收入，还通过建立交易团队赚取价格波动的资本利得。同时，在监管约束和客户需求的双重推动下，银行的表外业务（影子银行）也快速扩张，整个广义资产负债表异常复杂。

第三，金融科技影响深远，加速拉开银行间的竞争优势。金融科技对银行的影响一开始表现在渠道端和支付端，但随着区块链、人工智能等科技的深化，当前已经介入到风险管理和投资等核心领域。商业银行如果不能及时有效地把握和快速应用先进科技手段，就很可能在以效率和速度为主导的竞争中落在后面。

在这个环境发生深刻变化的大背景下，传统商业银行建立的保守型科层组织和复杂流程，尤其是越来越明显的“大型制造业企业”体制，已经很难适应客户对服务效率、产品品质和消费体验的要求，银行也需要构建敏捷性组织和柔性管理模式，从过去以考核、产品为中心，尤其是以存款为中心的卖方市场思维，转变为以客户为中心的买方思维。在这个转变过程中，就需要借鉴“人单合一”管理学的思想和模式，在银行业进行“企业平台化、员工创客化、用户个性化”的管理和组织模式转型。当然，银行业不同于制造业，前者是强监管行业，但这并不妨碍其在边界内的转型和创新。

三、“人单合一”在商业银行转型中的应用

首先，充分把握和运用金融科技，完善和强化“基础设施”建设，为银行的“人单合一”创造科技保障。包括：在后台重塑 IT 运营架构，提高流程的扁平化程度和员工自身的操作体验，通过云存储、区块链等技术解决安全和效率之间的矛盾；在中台构建基于客户过程行为的大数据库，改变传统的以静态和滞后数据为主的客户管理系统（CRM），建立动态数据分析模型，更有效地对客户进行分层精准营销和服务；在前台形成不断提升客户体验和满足客户场景需求的渠道和接口，形成以新金融业务架构为主导的新型银行模式。

其次，对员工尤其是一线员工进行充分的赋权和赋能，回归商业银行的人本主义文化。过去由于缺乏金融科技的支持，生产力相对简单，银行的操作和合规风险只能靠严密的流程和严格的制度来防范和控制，岗位上的员工就是流水线上的“螺丝钉”，缺乏独立思考和自主操作的空间。在新的市场和科技背景下，可以通过发达的金融科技隔离操作风险，然后对过去从事简单熟练工种的员工进行充分赋能和赋权，提升操作人员的客户关注和营销意识，在符合监管和合规要求的边界内，提高服务客户和满足市场需求过程中的权限和可调配资源空间。这不仅是对员工的信任，更是对员工的尊重。

第三，形成灵活的小微团队比如社区支行和直销银行，最大化缩小员

工与客户的距离。支行是商业银行渗入实体经济的“毛细血管”，是执行“人单合一”的客户终端。充分发挥支行的敏捷性和弹性组织优势，根据当地行业特征和客户特征建立特色支行，将支行逐步转变成为创新的前沿阵地、创客的汇聚空间。

最后，成立创新实验室或者创新工场，总行统筹或者条线部门各自成立天使基金或风投基金，在全行征集筛选创业项目进行孵化投资。项目团队可以拿着创业资金研发产品和设计系统，从而更好地满足长尾客户的个性化需求，并在时机成熟后通过产品升级进行批量化复制，最终逐步形成完善的可以持续投入应用并创造价值的产品或营销模式。

存贷比的取消与经营银行的新逻辑

背景： 2015 年 6 月，监管部门宣布取消存贷比的硬性考核。监管指标变化背后是什么逻辑，对商业银行有什么影响？

尽管早已失去实际的约束意义，但贷存比这一“古董”指标的取消，仍然给压抑在不良率和利润压力中的银行业带来一缕清新之风。就像卸去早已不起作用的腐朽脚镣，这一举动赋予银行的可能只是意识里的自由和尊严，而更重要的则是透过存贷比的取消，让银行重新反思自身的经营逻辑。

首先需要反思的是在后利率市场化时代，存款对商业银行的意义。引用马克思的话，“对银行来说具有最重要意义的始终是存款”。中国的商业银行，尤其是过去黄金十年里的商业银行对此话感触颇深。在过去十几年里，存款一直是银行业的经营核心，几乎所有的人、财、物资源都毫无例外地向存款倾斜：有关系能喝酒的揽储人才，围绕存款的高额奖金及营销费用，以存款为核心的经营网点等等。

这一经营逻辑的根本原因是，在利率管制的保护下，有了存款就有利润（暂且不论高定价商贷，用低息存款买无风险的利率债都稳赚不赔），而由此产生的利润，并不是来自于银行家的专业能力（风险管理、资产负债管理和定价等），而是来自于对行政管制租金或者说储户损失的潜在攫取，是一种分配性而非生产性努力。当然，贷存比的设置，也为渲染存款的重要意义添油加醋，仿佛只要将存贷款比例限制在一定的范围内，就不需要担心流动性和期限错配问题，全然不顾数量背后的结构特征，也无视商业银行间的差异化水平，比如有些银行做负债的能力强，有些银行做资产的能力强，简单粗暴的存贷比则一律抹杀了这种差异化冲动（奇怪的是监管部门还一直埋怨中国的银行缺乏差异化经营能力）。

那么在后利率市场化时代，随着贷存比的放开，存款真的不重要了吗？绝非如此，存款仍然是银行的经营核心，也是银行区别于其他金融机构的根本要素。尤其是在有效需求不足、风险不断集聚和资金来源稀缺的经营形势下，存款立行仍然是银行基本的生存法宝。所不同的是，我们对存款的理解，应该从过去那种以攫取管制利差为目的，以规模营销为手段的逻辑中挣脱出来，将存款放到资金来源、资产负债管理、客户产品需求及货币创造的逻辑本源上来定位。

一是存款是最主要的资金来源，但不是唯一的资金来源，除了一般性存款，大额存单、同业存单、结构性存款、同业负债、金融债、表外理财等也都是重要的资金来源，与存款之间互为补充、相辅相成。将来的存款管理可能由“大水漫灌”型转变为“核心负债 + 主动负债”的精细模式，核心负债的占有成为资金来源的关键（全球市值最大的富国银行就是靠核心负债优势雄霸天下）。

二是资产负债管理模式由负债决定资产转变为资产拉动负债，尤其是主动负债，首先要确定好资产期限、规模及收益率，然后在货币市场发行相关的证券化负债。这同时需要在期限错配和利率风险的管理上作出变革，资产负债管理的重心向资产端迁移，由资产定负债（主动负债）。

三是存款的多样化、产品化、标准化将成为大趋势，尤其是对于大宗资金来说，需要对存款产品进行定制。

四是对核心存款的占有不能再完全靠营销和增值服务来维系，需要通过结算、支付、融资便利、主办行、产业链等抓手形成货币内循环，还原货币的原生态。

总之，随着利率管制和贷存比取消，存款的寻租空间和行政属性逐渐淡化，对于存款的认识应该从更加专业的视角上进行理解。同时，贷存比的取消，虽然没有多大的实际意义，但给银行家一个充满希望的信号，那就是政策当局对商业银行自主经营的尊重，以及加快推动金融市场化改革的决心，虽然这需要重构监管部门的权力格局（实质性放权）。

结束语

本书整理成册之时，中国经济仍在“三峡”的大拐弯处，在汹涌的水域中平稳地航行着。经过过去三年多时间的市场波动洗礼，无论是政策层还是投资者，其实一直在反思和成长中积累抗风险的能力。毕竟，年轻的共和国自诞生起，并不缺乏经济周期的考验。改革开放以来，中国经济也历经了多个周期，但大多化险为夷，顺利完成了周期的突围和切换。这一次，在前所未有的湍急河段，我们仍然对中国经济的长周期抱有乐观的预期。但我们也深知，这一次闯关的阵地是金融领域，而金融风险的复杂程度和危机代价，足以摧毁一个经济周期！

然而，在心存忧虑之余，我们仍然要感谢这个时代。虽然我们可能要告别过去的风平浪静和云淡风轻，迎来惊涛骇浪和命运摇晃，但相对一览无余和死水微澜，我们更期望里尔克式的“认出风暴而激动如大海”。的确，现实的戏剧性要高于戏剧本身，现实赋予的理论生命力也强于理论自身，一如：泡沫破灭后的岑寂，繁华落尽后的荒芜，喧嚣远逝后的静默，总比从开始到最终，什么都不曾有过要好。因而，中国经济的“三峡”，为理性探索的、独立思想的、现实主义的经济学研究提供了伟大的舞台。对我们这一代经济学人来说，无论带来的是迷茫、无奈还是荣耀，这个时代都是不该辜负、值得纪念的。

最后，感谢西泽投资主席刘央女士、中国首席经济学家论坛朱蕻秘书长等朋友的支持。希望本书给读者的不仅是经济金融知识，还有饱含社会人文关怀的新时代经济学人的价值观。

赵 建

2018 年 8 月于青岛山水园

若获取作者最新研究

请扫码关注“西泽研究院”公众号

图书在版编目（CIP）数据

闯关与突围：中国经济的“三峡河段”/ 赵建著 . —北京：东方出版社，2019.3
（首席经济学家论坛丛书）
ISBN 978-7-5207-0619-3

Ⅰ . ①闯…　Ⅱ . ①赵…　Ⅲ . ①中国经济—经济发展—研究
Ⅳ . ① F124

中国版本图书馆 CIP 数据核字（2018）第 230818 号

闯关与突围：中国经济的“三峡河段”
（CHUANGGUAN YU TUWEI: ZHONGGUO JINGJI DE“SANXIA HEDUAN”）

作　　者：赵　建
策 划 人：许剑秋
统　　筹：吴玉萍
责任编辑：陈丽娜　许正阳
责任审校：刘淑芹　曹楠楠
封面设计：石笑梦
责任营销：邱萌萌
出　　版：东方出版社
发　　行：人民东方出版传媒有限公司
地　　址：北京市东城区东四十条 113 号
邮　　编：100007
印　　刷：三河市中晟雅豪印务有限公司
版　　次：2019 年 3 月第 1 版
印　　次：2019 年 3 月第 1 次印刷
开　　本：710 毫米 × 1000 毫米　1/16
印　　张：18.5
字　　数：210 千字
书　　号：ISBN 978-7-5207-0619-3
定　　价：58.00 元
发行电话：（010）85924663　85924644　85924641

本系列丛书总策划
上海极视文化传播股份有限公司